Die »Große Heidelberger Liederhandschrift«, auch »Manessische Liederhandschrift« genannt, ist in der ersten Hälfte des 14. Jahrhunderts entstanden.
Gewisse Anzeichen weisen auf Zürich als Entstehungsort hin. Dort wurde die vermutlich recht ansehnliche Sammlung von Aufzeichnungen der Minnelieder, die von dem Züricher Patrizier Rüdiger Manesse und seinem Sohn angelegt worden war, ganz sicher als eine der Hauptquellen für den »Codex Manesse« benutzt.
Es ist die umfangreichste Sammlung deutscher Minnelieder. Diese besondere Gattung weltlicher Lyrik kam nach 1150 auf und geriet schon um die Mitte des 13. Jahrhunderts in Verfall.
Die Erhöhung weiblicher Vollkommenheit zum sittlichen Prinzip, das ›Frauenlob‹, das in jenen Liedern enthalten ist und einem Leitbild galt, das auch in der städtischen Sozialordnung seine Gültigkeit behielt, war wohl die Triebfeder für den Sammeleifer der Manesse:
»Eine Dichtung, mit der man das Ansehen vollkommener Frauen heben kann, die wollten sie nicht verlorengehen lassen.« *J. Hadlaub*
»Minnesinger« stellt einen Querschnitt durch die große Ausgabe mit den schönsten Gedichten und Bildern vor.
Der Herausgeber, Walter Koschorreck, ist Direktor der Universitätsbibliothek Heidelberg.

insel taschenbuch 88

Minnesinger

Minnesinger

IN BILDERN DER
MANESSISCHEN LIEDERHANDSCHRIFT
MIT ERLÄUTERUNGEN HERAUSGEGEBEN VON
WALTER KOSCHORRECK
VIERUNDZWANZIG ABBILDUNGEN
IM VIERFARBENDRUCK
INSEL VERLAG

insel taschenbuch 88
1. Auflage 1974
Erstausgabe

Vertrieb durch den Suhrkamp Taschenbuch Verlag
Umschlag nach Entwürfen von Willy Fleckhaus
Satz: Libri Presse, Kriftel
Druck: Paul Robert Wilk, Seulberg
Printed in Germany

MINNESINGER AUS DER
MANESSISCHEN LIEDERHANDSCHRIFT

Ich grüeze mit gesange die süezen
die ich vermîden niht wil noch enmac.
deich si rehte von munde mohte grüezen,
ach leides, des ist manic tac.
swer disiu liet nu singe vor ir
der ich gar unsenfteclîchen enbir,
ez sî wîp oder man, der habe si gegrüezet von mir.
Mir sint diu rîche und diu lant undertân
swenn ich bî der minneclîchen bin;
unde swenne ab ich gescheide von dan,
sost mir al mîn gewalt und mîn rîchtuom dâ hin;
senden kumber den zele ich mir danne ze habe:
sus kan ich an vröuden ûf stîgen joch abe,
unde bringe den wehsel, als ich wæn,
durch ir liebe ze grabe.

Keiser Heinrich.

Ich zôch mir einen valken mêre danne ein jâr.
dô ich in gezamete als ich in wolte hân
und ich im sîn gevidere mit golde wol bewant,
er huop sich ûf vil hôhe und floug in anderiu lant.
Sît sach ich den valken schône fliegen:
er fuorte an sînem fuoze sîdîne riemen,
und was im sîn gevidere alrôt guldîn.
got sende si zesamene die gerne geliep wellen sin!

Der von kürenberg. .xxiii.

»Slâfst du, friedel ziere?
man weckt uns leider schiere:
ein vogellîn sô wol getân
daz ist der linden an daz zwî gegân.«
»Ich was vil sanfte entslâfen:
nu rüefstu kint Wâfen.
liep âne leit mac niht gesîn.
swaz du gebiutst, daz leiste ich, friundin mîn.«
Diu frouwe begunde weinen.
»di rîtst und lâst mich eine.
wenne wilt du wider her zuo mir?
owê du füerst mîn fröide sament dir!«

Her Dietmar von Ast.

In den tîden van den jâre
dat dî dage werden lanc
ende dat weder weder clâre,
sô ernouwen openbâre
merelâre heren sanc,
dî uns brengen lîve mâre.
gode mach hers weten danc
dê hevet rechte minne
sunder rouwe ende âne wanc.
Ich bin blîde dore here êre
dî mich hevet dat gedân
dat ich van den rouwen kêre,
dê mich wîlen irde sêre.
dat is mich nû alsô ergân:
ich bin rîke ende grôte hêre,
sint ich mûste al umbevân
dî mich gaf rechte minne
sunder wîc ende âne wân.
Dî mich drumbe willen nîden
dat mich lîves ît geschît,
dat mach ich vele sachte lîden
noch mîne blîscap nît vermîden,
ende ne wille drumbe nît
nâ gevolgen den unblîden,
sint dat sî mich gerne sît
dî mich dore rechte minne
lange pîne dolen lît.

her heinrich von veldig.
xvi.

Mîn herze und mîn lîp diu wellent scheiden,
diu mit ein ander varnt nu mange zît.
der lîp wil gerne vehten an die heiden:
sô hât iedoch daz herze erwelt ein wîp
vor al der werlt. daz müet mich iemer sît,
daz si ein ander niene volgent beide.
mir habent diu ougen vil getân ze leide.
got eine müeze scheiden noch den strît.

Ich wânde ledic sîn von solher swære,
dô ich daz kriuze in gotes êre nam.
ez wære ouch reht deiz herze als ê dâ wære,
wan daz sîn stætekeit im sîn verban.
ich solte sîn ze rehte ein lebendic man,
ob ez den tumben willen sîn verbære.
nu sihe ich wol daz im ist gar unmære
wie ez mir an dem ende süle ergân.

Sît ich dich, herze, niht wol mac erwenden,
dun wellest mich vil trûreclîchen lân,
sô bite ich got daz er dich ruoche senden
an eine stat dâ man dich wol enpfâ.
owê wie sol ez armen dir ergân!
wie torstest eine an solhe nôt ernenden?
wer sol dir dîne sorge helfen enden
mit solhen triuwen als ich hân getân?

Her friderich von husen. ·xxviii·

Manger grüezet mich alsô
(der gruoz tuot mich ze mâze frô),
»Hartmann, gên wir schouwen
ritterlîche frouwen.«
mac er mich mit gemache lân
und île er zuo den frowen gân!
bî frouwen triuwe ich niht vervân,
wan daz ich müede vor in stân.
  Ze frowen habe ich einen sin:
als sî mir sint als bin ich in;
wand ich mac baz vertrîben
die zît mit armen wîben.
swar ich kum dâ ist ir vil,
dâ vinde ich die diu mich dâ wil;
diu ist ouch mînes herzen spil:
waz touc mir ein ze hôhez zil?
  In mîner tôrheit mir geschach
daz ich zuo zeiner frowen sprach
»frow, ich hân mîne sinne
gewant an iuwer minne.«
dô wart ich twerhes an gesehen.
des wil ich, des sî iu bejehen,
mir wîp in solher mâze spehen
diu mir des niht enlânt geschehen.

her Hartman vō Owe:
.Lvii.

Wie sich minne hebt daz weiz ich wol;
wie si ende nimt des weiz ich niht.
ist daz ich es inne werden sol
wie dem herzen herzeliep geschiht,
sô bewar mich vor dem scheiden got,
daz wæn bitter ist.
disen kumber fürhte ich âne spot.

Swâ zwei herzeliep gefriundent sich
unde ir beider minne ein triuwe wirt,
die sol niemen scheiden, dunket mich,
al die wîle unz si der tôt verbirt.
wær diu rede mîn, ich tæte alsô:
verlüre ich mînen friunt,
seht, sô wurde ich niemer mêre frô.

Der ich diene und iemer dienen wil,
diu sol mîne rede vil wol verstân.
spræche ich mêre, des wurd alze vil.
ich wil ez allez an ir güete lân.
ir genâden der bedarf ich wol.
und wil si, ich bin vrô;
und wil si, so ist mîn herze leides vol.

Der von Johansdorf. .lvi.

Ich hôrt ûf der heide
lûte stimme und süezen klanc.
dâ von wart ich beide
fröiden rîch und trûrens kranc.
nâch der mîn gedanc sêre ranc unde swanc,
die vant ich ze tanze dâ si sanc.
âne leide ich dô spranc.

Ich vant si verborgen
eine und ir wengel naz,
dô si an dem morgen
mînes tôdes sich vermaz.
der vil lieben haz tuot mir baz danne daz
dô ich vor ir kniete dâ si saz
und ir sorgen gar vergaz.

Ich vants an der zinnen,
eine, und ich was zir besant.
dâ moht ichs ir minnen
wol mit fuoge hân gepfant.
dô wând ich diu lant hân verbrant sâ zehant,
wan daz mich ir süezen minne bant
an den sinnen hât erblant.

Her heinrich von Morũge.
.xxvi.

Ich wirbe umb allez daz ein man
ze wereltlîchen fröiden iemer haben sol.
daz ist ein wîp der ich enkan
nâch ir vil grôzen werdekeit gesprechen wol.
lob ich si sô man ander frowen tuot,
dazn nimet eht si von mir niht für guot.
doch swer ich des, sist an der stat
dâs ûz wîplîchen tugenden nie fuoz getrat.
daz ist in mat.

Si ist mir liep, und dunket mich
daz ich ir vollеclîche gar unmære sî.
nu waz dar umbe? daz lîd ich,
und bin ir doch mit triuwen stæteclîchen bî.
waz obe ein wunder lîhte an mir geschiht,
daz si mich eteswenne gerne siht?
sâ denne lâze ich âne haz,
swer giht daz ime an fröiden sî gelungen baz:
der habe im daz.

Und ist daz mirs mîn sælde gan
deich abe ir redendem munde ein küssen mac versteln,
gît got deichz mit mir bringe dan,
sô wil ichz tougenlîche tragen und iemer heln.
und ist daz siz für grôze swære hât
und vêhet mich dur mîne missetât,
waz tuon ich danne, unsælic man?
dâ heb i'z ûf und legez hin wider dâ ichz dâ nan,
als ich wol kan.

her Reinmar der Alte.

Muget ir schouwen waz dem meien
wunders ist beschert?
Seht an pfaffen, seht an leien,
wie daz allez vert.
Grôz ist sîn gewalt.
ine weiz obe er zouber künne;
swar er vert in sîner wünne,
dân ist niemen alt.

Uns wil schiere wol gelingen:
wir suln sîn gemeit,
Tanzen, lachen unde singen
âne dörperheit.
Wê wer wære unfrô?
sît die vogele alsô schône
singent in ir besten dône,
tuon wir ouch alsô!

Her walther vō der vogelweide.
.xlv.

Wol dir, meie, wie dû scheidest
allez âne haz!
Wie dû walt und ouwe kleidest
und die heide baz!
Diu hât varwe mê.
»du bist kurzer, ich bin langer« —
alsô strîtents ûf dem anger,
bluomen unde klê.

Rôter munt, wie dû dich swachest!
lâ dîn lachen sîn.
Scham dich daz dû mich an lachest
nâch dem schaden mîn.
Ist daz wol getân?
owê sô verlorner stunde,
sol von minneclîchem munde
solch unminne ergân.

Daz mich, frouwe, an fröiden irret,
daz ist iuwer lîp.
An iu einer ez mir wirret,
ungenædic wîp.
Wâ nemt ir den muot?
ir sît doch genâden rîche:
tuot ir mir ungnædeclîche,
sô sît ir niht guot.

Scheidet, frouwe, mich von sorgen,
liebet mir die zît!
Oder ich muoz an fröiden borgen.
daz ir sælic sît!
Muget ir umbe sehen?
sich fröit al diu welt gemeine:
möhte mir von iu ein kleine
fröidelîn geschehen!

Ursprinc bluomen, loup ûz dringen
und der luft des meigen urbort vogel ir alten dôn:
etswenn ich kan niuwez singen,
sô der rîfe ligt, guot wîp, noch allez ân dîn lôn.
die waltsinger und ir sanc
nâch halben sumers teile in niemens ôre enklanc.
Der bliclîchen bluomen glesten
sol des touwes anehanc erliutern, swâ si sint:
vogel die hellen und die besten,
al des meigen zît si wegent mit gesange ir kint.
dô slief niht diu nahtegal:
nu wache abr ich und singe ûf berge und in dem tal.
Mîn sanc wil genâde suochen
an dich, güetlich wîp: nu hilf, sît helfe ist worden nôt.
dîn lôn dienstes sol geruochen,
daz ich iemer biute und biute unz an mînen tôt.
lâz mich von dir nemen den trôst
daz ich ûz mînen langen klagen werde erlôst.
Werdez wîp, dîn süezin güete
und dîn minneclîcher zorn hât mir vil fröide erwert.
maht du trœsten mîn gemüete
wan ein helfelîchez wort von dir mich sanfte ernert.
mache wendic mir mîn klagen,
sô daz ich werde grôz gemuot bî mînen tagen.

her wolfran von Eschilbach.
xliiii

In dem walde süeze dœne
singent kleiniu vogelîn.
an der heide bluomen schœne
blüejent gen des meien schîn.
alsô blüet mîn hôher muot
mit gedanken gen ir güete,
diu mir rîchet mîn gemüete
sam der troum den armen tuot.

Ez ist ein vil hôch gedinge
den ich gen ir tugenden trage,
daz mir noch an ir gelinge,
daz ich sælde an ir bejage.
des gedingen bin ich frô.
got geb daz ichz wol verende,
daz si mir den wân iht wende
der mich fröit sô rehte hô.

Sie vil süeze, valsches âne,
frî vor allem wandel gar,
lâze mich in liebem wâne
die wîl ez niht baz envar;
daz diu fröide lange wer,
daz ich wænens iht erwache.
daz ich gen dem trôste lache
des ich von hulden ger.

Wünschen unde wol gedenken
dest diu meiste fröide mîn.
des sol mir ir trôst niht wenken,
sie enlâze mich ir sîn
mit den beiden nâhen bî,
sô daz si mit willen gunne
mir von ir sô werder wunne,
daz si sælic iemer sî.

her vlrich von Liechtenstein. Lxvi

22

Ûf dem berge und in dem tal
hebt sich aber der vogele schal,
hiure als ê
gruonet klê.
rûme ez, winter, dû tuost wê!
  Die boume, die dâ stuonden grîs,
die habent alle ir niuwez rîs
vogele vol:
daz tuot wol.
dâ von nimt der meie den zol.
  Ein altiu mit dem tôde vaht
beide tac und ouch die naht.
diu spranc sider
als ein wider
und stiez die jungen alle nider.

Her Nithart. Lxxxi.

Der winter ist zergangen,
daz prüeve ich ûf der heide;
aldar kam ich gegangen,
guot wart mîn ougenweide
  Von den bluomen wolgetân.
wer sach ie sô schœnen plân?
der brach ich zeinem kranze,
den truoc ich mit tschoie zuo den frouwen an dem tanze.
well ieman werden hôchgemuot, der hebe sich ûf die schanze!

  Ein fôres stuont dâ nâhen,
aldar begunde ich gâhen.
dâ hôrte ich mich enpfâhen
die vogel alsô suoze.
sô wol dem selben gruoze!
  Ich hôrt dâ wol tschantieren,
die nachtegal toubieren.
aldâ muost ich parlieren
ze rehte, wie mir wære:
ich was ân alle swære.
  Ein riviere ich dâ gesach:
durch den fôres gienc ein bach
ze tal übr ein plâniure.
ich sleich ir nâch, unz ich si vant, die schœnen crêâtiure:
bî dem fontâne saz diu klâre, süeze von faitiure.

Der Tanhuser. lxxviii.

Ir ougen lieht und wolgestalt,
si was an sprüchen niht ze balt,
man mehte si wol lîden;
ir munt ist rôt, ir kele ist blanc,
ir hâr reitval, ze mâze lanc,
gevar alsam die sîden.
solde ich vor ir ligen tôt, in mehte ir niht vermîden.
Blanc alsam ein hermelîn
wâren ir diu ermelîn.
ir persône diu was smal,
wol geschaffen überal:
Ein lützel grande was si dâ,
wol geschaffen anderswâ.
an ir ist niht vergezzen:
lindiu diehel, slehtiu bein, ir füeze wol gemezzen;
schœner forme ich nie gesach, diu mîn cor hât besezzen;
an ir ist elliu volle.
Sâ neic ich der schœnen dô.
ich wart an mînem lîbe frô
dâ von ir salûieren.
si bat mich ir tschantieren
von der linden esten
und von des meien glesten.
Dâ diu tavelrunde was,
dâ wir dô schône wâren,
daz was loup, dar under gras,
si kunde wol gebâren.
Dâ was niht massenîe mê
wan wir zwei dort in einem klê.
si leiste, daz si solde,
und tet, daz ich dâ wolde.

Ich tet ir vil sanfte wê,
ich wünsche, daz ez noch ergê.
ir zimet wol daz lachen.
dô begunden wir dô beide ein gemellîchez machen;
daz geschach von liebe und ouch von wunderlîchen sachen.
Von amûre seit ich ir,
daz vergalt si dulze mir.
si jach, si lite ez gerne,
daz ich ir tæte, als man den frouwen tuot dort in Palerne.
Daz dâ geschach, dâ denke ich an:
si wart mîn trût und ich ir man.
wol mich der âventiure!
erst iemer sælic, der si siht,
sît daz man ir des besten giht;
si ist alsô gehiure.
elliu granze dâ geschach von uns ûf der plâniure.
Wâ sint nu diu jungen kint,
daz si bî uns niht ensint?
Sô sælic sî mir Künigunt!
solt ich si küssen tûsentstunt
an ir vil rôsevarwen munt,
sô wære ich iemer mê gesunt,
diu mir daz herze hât verwunt
vaste unz ûf der minne grunt.
Der ist enzwei,
heíâ nu heí!
Des videlæres seite
der ist enzwei.

Dô der luft mit sunnen viure
wart getempert und gemischet,
dar gab wazzer sîne stiure,
dâ wart erde ir lîp erfrischet.
dur ein tougenlîchez smiegen
wart si fröiden frühte swanger.
daz tet luft, in wil niht triegen:
schouwent selbe ûz ûf den anger.
  fröide unde frîheit
  ist der werlte für geleit.
    Uns treib ûz der stuben hitze,
regen jagte uns în ze dache:
ein altiu riet uns mit witze
in die schiure nâch gemache.
sorgen wart dâ gar vergezzen,
trûren muose fürder strîchen:
fröide hâte leit besezzen,
dô der tanz begunde slîchen.
  fröide unde frîheit
  ist der werlte für geleit.
    Diu vil süeze stadelwîse
kunde starken kumber krenken.
eben trâtens unde lîse,
mengelîch begunde denken
waz im aller liebest wære.
swer im selben daz geheizet,
dem wirt ringe sendiu swære:
guot gedenken fröide reizet.
  fröide unde frîheit
  ist der werlte für geleit.

her Burkart von Hohenuels.
·xxxv·

Der sumer hât den meien
frœlich vür gesant,
der sol fröide heien
und daz er sî erkant,
wan er vertriben was.
ir kint, ir sint niht laz,
ir brüevent in, er bringt iuch bluomen unde gras.
zwô brûne brâ
die hânt mich dâ
verwundet sêre und anderswâ.
   Swel frowe trûric wære,
diu sol wesen frô;
ich sage ir guotiu mære:
ez meiet hiure alsô
daz aller frowen heil
ûf gât ein michel teil.
ir kint, ir sunt mit fröiden jârlanc wesen geil.
ein kele wîz
hât wol den prîs:
sî machet mich an jugende grîs.
   Nu wünschent al gemeine
daz mîn leit zergê:
die ich mit triuwen meine
(diu tuot mir dicke wê),
daz ich ir werde erkant.
ir kus der wære ein pfant,
den ich vür tûsent marke næme sâ zehant.
ein umbevanc
mit armen blanc,
des wünscht dem der den reigen sanc.

her Chůnrat võ Altstetten. ·lxviii·

Ich sach die bluomen wunneclîch entspringen
bî schœner zît, der walt was wol geloubet:
die fröide wil der winter kalt verdringen,
er hât den anger sîner kraft beroubet.
dâ bî hât mich entânet mîner sinne
mîns herzen trôst und ouch mîn küniginne.
ir rôter munt
hât mich verwunt,
daz ich in rehter liebe bin ertoubet.

War zuo klag ich die bluomen ûf der heide?
wan klage ich niht den kumber, den ich dulde?
daz mir ein frouwe tuot sô vil ze leide
und diu mich hazzet âne mîne schulde.
wie wol sî doch kan herzeleit vertrîben!
sî ist ein krône ob allen reinen wîben.
ir wengelîn
gênt liehten schîn:
nâch leide wære ich vrô, het ich ir hulde.

Her wrnher von Tufen.
xxvi.

Man sol hœren süezez singen
in dien ouwen über al,
lobelîchen sanc erklingen,
sunder von der nahtegal;
schouwent ûf den anger breit
und ouch an der liehten heide,
wie schône si sich mit ir kleide
gên dem meien hât bekleit.

Diu zît ist in werder schouwe:
maniger hande blüemelîn
lachent ûz des meien touwe
gên der liehten sunnen schîn;
waz sol trœsten mir den muot,
sît mich twinget herzen swære,
bî der ich vil gerne wære,
daz diu mir niht gnâde tuot?

Ach vil minneclîchiu guote,
enbint mich von sender nôt,
lâ mich niht ûz dîner huote,
ald ich bin an fröiden tôt.
ich sol dîner helfe gern:
lâstu mîn herze ûz dîner pfliht,
sô kan mich getrœsten niht,
dun wellest mich genâde wern.

Minne, du solt sîn gemeine,
ald ich bin an fröiden tôt;
füege daz mich lieplîch meine
der vil liebun mündel rôt.
sît du bist gewaltic mîn
unde leitest mîne sinne,
swie du wilt, ach werdiu Minne,
sô solt ouch ir gewaltic sin.

Her Jacob vō warte. .xviij.

Mir ist leide,
daz der winter beide
walt und ouch die heide
hât gemachet val.
sîn betwingen
lât bluomen niht entspringen
noch die vogele singen
ir vil süezen schal.
alsus verderbet mich ein sælic wîp,
diu mich lât
âne rât,
den si hât;
des zergât
an fröiden gar mîn lîp.
  Miner swære
schiere ich âne wære,
sold ich die sældebære
schouwen âne leit.
diu vil hêre
hât schœne zuht und êre:
der wunsch und dannoch mêre
ist gar an si geleit.
rôsewengel, mündel rôt si hât,
val hâr lanc,
kele blanc,
sîten kranc:
mîn gedanc
an ir vil hôhe stât.

Graue kraft von Toggenburg. xi.

Winter und diu frouwe mîn,
waz leides habe ich iu getân,
daz ir mich alsus lâzet sîn
ân fröide und âne lieben wân?
nebel, snê und rîfen die verklagte ich wol:
mîde ich iuwern schœnen lîp,
  daz sint diu leit diuch von iu dol.
  Werbe ich niht mit triuwen gar
umb ir vil minneclîchen lîp,
son gespreche ich niemer wâr.
sîst mir liep für elliu wîp:
wolte got, wær ich ir liep für alle man!
mîn herze ist ir mit triuwen bî
  und kan daz nieman understân.
  Wer gap iu sô schœnen lîp
daz er iu gap niht güete mê?
zwâre ir sît ein müelich wîp,
daz ir den liuten tuot sô wê.
ir mügt den tôren twingen alse ir twinget mich,
daz er vergizzet sîner zuht
  und alse unschône richet sich.
  Âne güete ist schœne ein wiht.
est prîs swelch wîp si beide hât;
wê wie liebe dem geschiht
des genâde ein sô guot wîp gevât
sô daz sîn liep, sîn leit ir nâch ze herzen gê.
wîbes schœne trœstet wol,
  sô fröit ir güete dannoch mê.

von Stadegge. .lxxv.

Wol mich der stunde, von rôtem munde mir liep geschach.
den sach ich machen ein zartez lachen, des ich dô jach.
ir mündel vreche daz gestellet sich,
alsz viunviu spreche, gar durchsiuverlich.
Ach swer daz kuste, zwâr den geluste vröude âne nôt.
sîn lachen lôse, ez enwart nie rôse mê halb sô rôt.
kel unde hende wîzer danne ein snê.
liep trût ân ende, wes tuost dû mir wê?
Wilt dû mich twinge, durch daz ich singe, dir offenbar?
trœste mich eine, sît ich dich meine, mit triuwen gar.
mîn zuckerkrûtken, tuo mir helfe schîn:
trût herzen trûtken, jâ bin ich ie dîn.

Her. heinrich hetzbolt von wissense. .Lxv.

Ich wolte daz der anger sprechen solte
als der sitich in dem glas
und er mir danne rehte sagen wolte
wie gar sanfte im hiure was,
dô mîn frouwe bluomen las
abe im und ir minnenclîchen füeze
  ruorten ûf sîn grüenez gras.
    Hêr Anger, waz ir fröide iuch muostet nieten,
dô mîn frouwe kom gegân
unde ir wîzen hende begonde bieten
nâch iuwern bluomen wolgetân.
erloubet mir, hêr grüener Plân,
daz ich mîne füeze setzen müeze
  dâ mîn frouwe hât gestân.
    Hêr Anger, bitet daz mir swære büeze
ein wîp nâch der mîn herze stê:
sô wünsche ich daz ir blôzen wîzen füeze
noch hiure müezen ûf iu gê:
sô geschadet iu niemer snê.
wirdet mir von ir ein lieplîch grüeze,
  sô gruont mîn herze als iuwer klê.

Her kristan von hamle. .xxvii.

Owê herzelîcher leide
die ich sender tragen muz;
Owê liechter ougen weide,
wenne wirt mir sorgen bûz?
Wenne sol dîn rôter munt mich lachen an
unde sprechen ›sêlic man,
swaz du wilt, daz sî getân!‹
  Jâ mein ich den munt sô lôsen
an dem al mîn trôsten liget.
Sprechet alle, rôte rôsen,
daz ein munt mit rôte siget.
Baz dem munde zême ein liljen wîzez jâ
denne ein nein von jâmer blâ:
daz wort tût mich jungen grâ.

Meister Heinrich Vrowenlob. C viij.

Minne, kanstu vreude borgen,
des gih ich dir nimmer tac.
Swem du lachest gên dem morgen,
zwâr dem wirt dîn afterslac.
Dîner luste rôsen hegent scharpfen dorn;
leit ist liebe zu geborn:
solchen wûcher treit dîn korn.
Minne, wiltu solchen jâmer
ûf mich erben mîne zît?
Dîner luste sêlden âmer
mir deheine stûre gît.
Nie dem hern Iwâne wirs kein maget tet,
wan die schône vrou Lûnet
half, da er lieben trôst an het.

Ach sold ich den apfel teilen
den Pârîs der Minne gap,
Zwâr du mustes jâmer seilen,
solt ich dar durch in mîn grap.
Pallas oder Jûnô musten halden mir:
sô rêch ich mîn leide an dir
die du hâst vererbet mir.

Ach mir was lange
nâch ir sô wê gesîn:
dâ von dâcht ich vil ange
daz ir daz würde schîn.
ich nam ir achte
in gwande als ein pilgrin,
sô ich heinlîchste machte,
dô sî gienc von mettîn:
dô hât ich von sender klage
einn brief, dar an ein angel was,
den hieng ich an sî, daz was vor tage,
daz sî nicht wisse daz.
Mich dûcht sî dæchte
»ist daz ein tobic man?
waz wolde er in die næchte
daz er mich grifet an?«
sî vorchte ir sêre,
mîn frouwe wol getân:

Meister Johans Hadlôb. ·CV·

doch sweic sî dür ir êre,
vil bald sî mir entran.
des was ich gein ir sô gæhe,
daz echt sî balde kæm hin în,
dür daz den brief nieman an ir gesæhe:
sî brâchte in tougen hin.
  Wie sim dô tæte,
des wart mir nicht geseit,
ob sin hin wurfe ald hæte:
daz tuot mir sende leit.
las sin mit sinne,
sô vant sî sælikeit,
tief rede von der minne,
waz nôt mîn herze treit.
dem tet sî nie sît gelîche,
daz ir mîn nôt ie würde kunt.
owê frouwe reine minnenclîche,
du tuost mich sêre wunt.

ANHANG

Die ›Große Heidelberger Liederhandschrift‹, auch ›Manessesche Liederhandschrift‹ genannt, ist in der ersten Hälfte des 14. Jahrhunderts entstanden. Gewisse Anzeichen weisen auf Zürich als Entstehungsort hin. Dort wurde die vermutlich recht ansehnliche Sammlung von Aufzeichnungen der Minnelieder, die von dem Züricher Patrizier Rüdiger Manesse und seinem Sohn angelegt worden war, ganz sicher als eine der Hauptquellen für den ›Codex Manesse‹ benutzt. Die Handschrift ist die umfangreichste Sammlung deutscher Minnelieder, einer besonderen Gattung weltlicher Lyrik, die nach der Mitte des 12. Jahrhunderts aufkam und um die Mitte des 13. Jahrhunderts in Verfall geriet. Zu der Zeit, da die Manesse ihr Sammelwerk begannen, war sie nur noch eine glanzvolle Erinnerung an das höfische Leben in der staufischen Vergangenheit. Das gilt für die Fortsetzung dieser Dichtung bis in die Entstehungszeit der Manesseschen Liederhandschrift und darüber hinaus, und das gilt ebenso auch für die Manessesche Sammeltätigkeit selber. Das kulturbeflissene gehobene Bürgertum nahm sich damit eines literarischen Phänomens an, das ursprünglich eine Angelegenheit ausschließlich der obersten Gesellschaftsschichten des lehnsrechtlich organisierten mittelalterlichen Ständestaates war. Die Haltung des Mannes zur Frau ist an lehnsrechtlichen Ordnungsvorstellungen orientiert. Der Ritter unterwirft sich einer gesellschaftlich über ihm stehenden, für ihn unerreichbaren – übrigens stets verheirateten – Dame als seiner Herrin, der er sich zu treuem Dienst verpflichtet, der aber unbelohnt bleibt und dessen Vergeblichkeit der ritterliche Sänger dann immer beklagt. Aber blieb der Dienst wirklich ganz unvergolten? Äußeren »Liebeslohn« trug er freilich nicht ein, und auch manche andere echte oder nur literarische Hoffnung blieb unerfüllt. Aber *einen* Lohn trug dieses Verhältnis des verehrenden Dienstes auf jeden Fall in sich, selbst da, wo – wie bei Reinmar dem Alten – die Unbelohntheit und das daraus erwachsende Minneleid zum ethischen Selbstzweck erhoben wurden: Die Veredelung des männlichen Wesens durch die Bindung an ein von allen Zufälligkeiten persönlicher Realität befreites Idealbild der hêren frouwe, die diese Bezeichnung nicht nur im ständischen Sinne verdiente sondern auch als Trägerin aller menschlichen Vollkommenheit. »Ein edeliu frouwe ... benimt mir mange wilde tât«, »... läßt zügelloses Verhalten bei mir nicht zu«, singt schon Dietmar von Aist, oder Ulrich von Gutenburg bekennt: »Ich war unkultiviert, soviel ich auch dichtete; erst ihre schönen Augen waren die Zuchtrute, mit der sie die innere Wandlung bei mir herbeiführte«. Johansdorf kleidet diese Erfahrung in einen allgemeinen Grundsatz: Die Gegenseitigkeit der höfischen Minne, der Lohn von seiten der Herrin, besteht darin, daß der Mann in seinem sittlichen Wert gehoben wird und das veredelnde Bewußtsein gewinnt, Mitglied der höfischen Gesellschaft zu sein und an ihrer hohen Daseinsform teilzuhaben.

Diese Erhöhung weiblicher Vollkommenheit zum sittlichen Prinzip, das »Frauenlob«, das in jenen Liedern enthalten ist und einem Leitbild galt, das auch in der städtischen Sozialordnung seine Gültigkeit behielt, war, wenn wir Johannes Hadlaub glauben dürfen, die Triebfeder für den Sammeleifer der Manesse: »Eine Dichtung, mit der man das Ansehen vollkommener Frauen heben kann, die wollten sie nicht verlorengehen lassen«.

Wie es dann in der ersten Hälfte des 14. Jahrhunderts und vielleicht in Zürich jedoch dazu kam, daß, aller Wahrscheinlichkeit nach unter Benutzung der Manesseschen Sammlungen, eine so prächtig ausgestattete und – auch ihrem materiellen Wert nach – kostbare Handschrift des Minnesangs angefertigt wurde, liegt bis jetzt noch völlig im dunkeln. Auch ihr weiteres Schicksal ist unbekannt, bis sie mit Sicherheit Ende des 16. Jahrhunderts im Besitz der Pfälzer Kurfürsten in Heidelberg nachzuweisen ist. Im 17. Jahrhundert wird sie wahrscheinlich von Ludwig XIV. durch Kauf erworben und gehört seit 1657 zu den Beständen der Königlichen Bibliothek in Paris. Erst 1888 gelingt es, sie für Deutschland zurückzuerwerben. Seitdem befindet sie sich wieder in Heidelberg als Codex Palatinus Germanicus 848 der Universitätsbibliothek.

Die Handschrift enthält auf 423 Pergamentblättern im Format 35,5 x 25 cm die Lieder von 140 Dichtern. Sie ist mit 137 Bildern und einer Federzeichnung geschmückt. Jedes der Bilder ist dem Werk eines Dichters zugeordnet und steht jeweils als Titelbild vor der Sammlung seiner Gedichte. Es bezieht sich oft auf den Inhalt des Werkes, von dem es Teile, die dem Maler zur Verbildlichung geeignet schienen, oder was er sonst an dem Werk für charakteristisch ansah, in Bildchiffren wiedergibt, oder es bezieht sich auf die Person des Dichters, seinen Stand, seinen Namen oder auch sein persönliches Schicksal. Diese Beziehungen sind nicht immer leicht zu erkennen. Sie sind oft mit viel scharfsinniger Phantasie, manchmal auch mit Humor konstruiert, und die Bezugspunkte scheinen uns bisweilen etwas weit hergeholt. Daher ist manches an den Bildern bisher noch unaufgeklärt. Jedenfalls aber sollten sie nicht nur das Auge erfreuen, sondern auch den Geist beschäftigen.

Der Dichter ist der Staufer Heinrich VI. (1165-1197, reg. ab 1190). Die wenigen von ihm erhaltenen Lieder gehören in die ganz frühe Zeit des deutschen Minnesangs.

Das Gedicht (MF 5, 16-29):

Ich grüße mit meinem Lied die Liebliche,
von der ich nicht lassen will und kann.
Da ich sie selber mündlich grüßen konnte,
ach, das ist leider lange Zeit her.
Wer immer diese Strophen singen mag
vor ihr, die ich so schmerzlich entbehre,
es sei Frau oder Mann, der soll sie von
mir gegrüßt haben.

Mir sind die Königreiche und Länder untertan,
sobald ich bei der Schönen bin;
sobald ich indessen von dort scheide,
ist meine ganze Gewalt und mein Reichtum dahin;
sehnsuchtsvollen Kummer zähle ich dann zu meiner Habe.
So geht es mit meiner Freude auf und nieder
und ich setze, wie ich glaube, dieses Auf und Ab
ihrer Liebe wegen bis zum Grabe fort.

Das Bild. Die ständische Anordnung der Dichter in der Manesseschen Liederhandschrift weist dem Kaiser die erste Stelle an. Das Bildnis Seiner Majestät füllt, wie keines der übrigen Personen auf den Bildern der Handschrift, fast den ganzen Rahmen. Seine Haltung drückt strenges Zeremoniell, feierliche Würde aus. Als Zeichen seiner Herrschermacht trägt er in der Rechten das Zepter, gekrönt mit dem Friedenssymbol der Lilie. Aber das Reichsschwert, das ihm von Gott verliehen war, um mit den Mitteln weltlicher Gewalt »to bescermene de Kristenheit« (die Christenheit zu beschirmen), wie der Sachsenspiegel es ausdrückt, dieses Sinnbild des Kampfes und Richtens über Leben und Tod ist beiseite gestellt. An seiner Stelle trägt der Kaiser hier ein friedlich-geistiges Attribut, das Spruchband als Symbol des Minnesängers, denn nur als Dichter hat er seinen Platz in der Liederhandschrift gefunden.

DER VON KÜRENBERG

Der Dichter ist persönlich schwer zu bestimmen, wahrscheinlich ein Österreicher ritterlichen Geschlechts aus der Gegend westlich von Linz a. d. Donau. Er dichtete etwa 1150/60. Seine Gedichte gelten als die ältesten uns bekannten Minnelieder.

Das Gedicht (MF 8, 33-9, 12):

Ich zog mir einen Falken auf, länger als ein Jahr.
Als ich ihn gezähmt hatte, wie ich ihn haben wollte,
und ihm sein Gefieder mit Gold geschmückt hatte,
stieg er hoch empor und flog davon.

Späterhin sah ich den Falken elegant seine Kreise ziehen.
Er trug an seinem Fuß seidene Bänder
und sein Gefieder war ganz rot von Gold.
Gott führe die zusammen, die gerne ein Liebespaar
sein möchten.

Das Bild zeigt den Sänger im Gespräch mit seiner Dame, die als Fürstin dargestellt ist, als Landesherrin, von der der Dichter in seiner Strophe:

»Nu brinc mir her vil balde mîn ros, mîn îsengewant,
wan ich muoz einer frouwen rûmen diu lant«

(»Bringt mir schnellstens mein Pferd, mein Eisenkleid her, denn ich muß einer Dame das Land räumen«) spricht.
Das Wappen zeigt einen Mühlstein, eine Anspielung auf den Namen, denn mhd. kürn heißt Mühle.

Der Dichter stammt aus einem oberösterreichischen freiherrlichen Geschlecht, das seinen Namen von der Aist herleitet, einem nördlichen Zufluß zur Donau, der kurz unterhalb der Enns mündet. Er ist nicht näher zu bestimmen, gehört aber auch mit den Strophen, die ihm sicher zugewiesen werden können, in die früheste Zeit des Minnesangs.

Das Gedicht (MF 39, 18-29):

Schläfst du, mein schöner Liebster?
Leider weckt man uns bald.
Ein hübsches Vöglein
hat sich auf dem Zweig der Linde niedergelassen.
Ich war so sanft eingeschlafen.
Da schlägst du, Kindchen, Lärm!
Liebe ohne Leid gibt es nicht.
Alles, was du gebietest, Liebste, das tue ich.

Die Dame begann zu weinen.
»Du reitest fort und läßt mich alleine.
Wann wirst du wieder zu mir kommen?
O weh, du trägst meine Freude mit dir fort«.

Das Bild zeigt einen reisenden Kaufmann, der seine Waren auf einem Eselchen zu einer Burg gebracht hat und sie jetzt der Schloßherrin vorführt. Er hat dazu die mitgebrachten Gürtel und Taschen über einen Querbalken gehängt, der mhd. auch ast hieß. Insofern mag vielleicht eine Anspielung auf die in der Manesse gewählte Namensform des Dichters vorliegen. Damit ist jedoch der Zusammenhang des ganzen Bildes mit Dietmar oder seinem Werk nicht erklärt, wie es überhaupt als Titelbild in der Manesseschen Liederhandschrift unverständlich ist.

Der Dichter, durch seinen Versroman ›Eneit‹ wohl allgemeiner bekannt als durch seine Minnelyrik, wurde zwischen 1140 und 1150 als Sproß eines Ministerialengeschlechtes geboren, das sich nach dem Dorf Veldeke bei Maastricht benannte. Auch als Minnelyriker dürfte er schon um 1170 begonnen haben, gehört also ebenfalls in die Anfangsperiode des deutschen Minnesangs, auf dessen Entwicklung er einen bedeutenden Einfluß ausübt, insbesondere als ein früher Vermittler des französischen Minnesangs. Seine Lieder sind in seiner heimischen (Limburger) Mundart gedichtet.

Das Gedicht (MF 59, 23-60, 12):

In der Jahreszeit,
da die Tage lang werden
und das Wetter wieder schön,
da lassen, jedem vernehmbar,
die Amseln ihren Gesang von neuem hören,
die uns liebe Kunde bringen.
Der mag Gott Dank dafür wissen,
der rechte Minne hat
ohne Schmerz und ohne Schwanken.

Ich bin glücklich in der Verehrung derjenigen,
die bei mir erreicht hat,
daß ich mich von den Schmerzen abkehre,
die mich vorher sehr belästigten.
Jetzt ist es mir so ergangen:
Ich bin reich und sehr froh,
seit ich die umarmen durfte,
die mir rechte Minne schenkte,
ohne Schwanken und ohne Täuschung.

Wenn mich die Leute darum beneiden,
daß ich Liebe erfahren darf,

das kann ich ganz gut ertragen
und muß deswegen nicht auf meinen Frohsinn verzichten
und den Trübseligen nachlaufen,
da sie mich gern sieht,
die mich um der rechten Minne willen
lange Zeit Qualen erdulden ließ.

Das Bild spiegelt die heitere Freude an der Natur wider, die Veldekes Lyrik beherrscht. Der Dichter sitzt auf einem von blühenden Blumen bedeckten Rasenhügel, in reicher Fülle schüttet, so scheint es, der Himmel Blüten über ihn aus, Vögel umschwirren ihn, nähern sich ihm ohne Furcht, das scheue Eichhörnchen ist auf seine Schulter gesprungen. Der Maler hat den Dichter völlig eins werden lassen mit der frühlingshaften Natur, die er in Versen zu reflektieren sucht. Ausdruck hierfür ist seine versonnene Haltung und das Deuten auf das Spruchband, das häufig wiederkehrende Kennzeichen des Dichters.

FRIEDRICH VON HAUSEN

Der Dichter stammt aus einem freiherrlichen Geschlecht aus der Gegend von Kreuznach. Um 1150 geboren, stand er dem Hofe Barbarossas und dem jungen Heinrich, dem nachmaligen Kaiser Heinrich VI., sehr nahe. Auf dem dritten Kreuzzuge fällt er am 6. Mai 1190 in einem Gefecht bei Philomelium. Mit ihm und dem Kreis der ritterlichen Sänger vom Mittel- und Oberrhein am Stauferhof, in dessen Mittelpunkt er stand, vollzieht sich die Einschmelzung des provenzalischen Minnesangs in die deutsche Minnelyrik. Zugleich rückt hier das Ethos der hohen Minne in seine jene ritterliche Standesdichtung beherrschende Stellung ein: »Von Johansdorf und ouch von Hûsen Friderîch / die sungen wol, mit sange wârens hovelîch« (». . . in ihrer Dichtung waren sie hofgemäß«), urteilt ein Späterer, der unglückliche Reinmar von Brennenberg, über Hausens Sangeskunst.

Das Gedicht (MF 47, 9-32):

Mein Herz und mein Leib, die wollen sich trennen,
die jetzt schon lange Zeit miteinander wandern.
Der Leib will gerne gegen die Heiden kämpfen,
das Herz dagegen hat eine Frau erwählt
vor aller Welt. Seither bereitet es mir ständig Kummer,
daß eins dem anderen nicht folgen will.
Mir haben meine Augen großes Leid zugefügt.
Gott alleine könnte den Streit noch schlichten.

Ich hoffte, aus dieser Bedrängnis befreit zu sein,
als ich zu Gottes Ehre das Kreuz nahm.
Es wäre auch richtig, daß das Herz wie früher dabei wäre,
nur hat seine Treue es ihm verboten.
Ich würde ein vollständiger Mensch sein,
wenn es auf seinen törichten Wunsch verzichten würde.
Jetzt sehe ich wohl, daß es ihm ganz gleichgültig ist,
wie es mir in dieser Beziehung ergehen wird.

Da ich dich, mein Herz, nicht daran hindern kann,
mich in großem Kummer zurückzulassen,
so bitte ich Gott, er möge dich
an einen Ort senden, wo man dich gut aufnimmt.
O weh, wie wird es dir, Armes, ergehen!
Wie hattest du den Mut, dich in solche Gefahr zu begeben?
Wer wird dich aus deiner gefährlichen Lage befreien
mit der gleichen Zuverlässigkeit, wie ich es getan habe?

Das Bild nimmt Bezug auf das oben wiedergegebene Kreuzzugslied Hausens. Die Fahrt geht über das stürmische Meer ins Heilige Land. Die Wellen gehen hoch, der Sturm hat die Takelage in Unordnung gebracht, der Dichter, dem auch hier wieder als Attribut ein leeres ›Spruchband‹ beigegeben ist, hat sich fest in seinen Mantel gehüllt. In den Wogen kämpfen zwei gräßliche Fabelwesen auf Leben und Tod miteinander, Sinnbilder der Gefahren der Tiefe, der Abenteuerlichkeit einer Meerfahrt; aber wenn der Sänger mit der Rechten auf sie zeigt und mit der linken Hand die Gebärde des Redens macht, so meint man doch, der Maler habe hier zwischen ihm und den Meeresungeheuern eine bewußte Beziehung hergestellt: Der Dichter hat sie wahrgenommen und spricht einen Gedanken aus, der an ihren Streit anknüpft. Der Gedanke liegt auf der Hand: So wie die Dämonen der Tiefe, so streiten in ihm sein Herz und sein Leib miteinander, und nur Gott kann diesen Streit schlichten.

HARTMANN VON AUE

Der Dichter des ›Erec‹ und des ›Iwein‹ zählt auch in der höfischen Lyrik zu den Klassikern. Er entstammt einem Ministerialengeschlecht, das wahrscheinlich im alemannischen Raum ansässig war. Er lebte vielleicht noch 1210, ist aber als Dichter schon um 1200 verstummt. Sein lyrisches Werk fällt in seine dichterische Frühzeit und gehört den Jahren zwischen 1180 und 1190 an. Es endet mit seiner Teilnahme am dritten Kreuzzuge (1189-1192). Wie er in seinem ›Armen Heinrich‹ mit Stolz selber sagt, hat er gelehrte Bildung genossen.

Das Gedicht (MF 216, 29-217, 13) bekundet bereits seine Abkehr vom hohen Minnedienst:

Mancher grüßt mich so
(der Gruß macht mir nur mäßig Freude):
»Hartmann, laß uns
ritterbürtige Frauen besuchen gehen.«
Soll er mich in Ruhe lassen
und schleunigst zu den Damen gehen!
Bei vornehmen Damen getraue ich mich nicht mehr zu erreichen,
als daß ich vor ihnen eine unglückliche Figur mache.

In Bezug auf Damen der Gesellschaft vertrete ich folgende Ansicht:

Wie sie zu mir sind, so bin ich zu ihnen.
Denn ich kann mir besser
die Zeit mit Frauen aus geringem Stande vertreiben.
Dort finde ich die, die mich auch will;
die ist dann auch meines Herzens Gefährtin.
Was nützt mir ein zu hohes Ziel?

In meiner Naivität ist es mir passiert,
daß ich zu einer Dame sagte:
»Herrin, ich habe meine Gedanken
auf Eure Liebe gerichtet«.
Da wurde ich schief angesehen.
Darum will ich, das laßt euch gesagt sein,
mir solche Frauen aussuchen,
bei denen mir so etwas nicht widerfährt.

Das Bild. Minnesang ist seinem Wesen nach ritterliche Standesdichtung. Das Titelbild zu Hartmanns Liedern symbolisiert diesen Wesenszug.

ALBRECHT VON JOHANSDORF

Der Dichter ist aller Wahrscheinlichkeit nach identisch mit dem zwischen 1180 und 1209 urkundlich belegten gleichnamigen Dienstmann der Bischöfe von Passau. Somit diente er auch dem Bischof Wolfger von Erla, der später als Patriarch von Aquileja Dienstherr des bekannten Tugendlehrers Thomasin von Zerkläre wurde und zu dem schon in seiner Passauer Zeit auch Walther von der Vogelweide in persönliche Beziehung getreten war. Er hat an einem Kreuzzug, wahrscheinlich dem dritten, teilgenommen.
Albrecht gehört zu den Großen des hohen Minnesangs. Hervorzuheben ist die menschliche Wärme in seiner Dichtung.

Auch die hohe Minne sieht er als eine Liebe an, die erwiderungsfähig ist, aber ihr Lohn ist die Steigerung des sittlichen Wertes und der »hôhe muot«, die innere Erhebung im Bewußtsein der Zugehörigkeit zur höfischen Gesellschaft.

Das Gedicht (MF 91, 22-35, 15-21):

Wie Liebe anfängt, das weiß ich wohl;
wie sie endet, davon weiß ich nichts.
Sollte ich dessen innewerden,
wie dem Herzen Herzensglück widerfährt,
so bewahr' mich Gott vor dem Scheiden,
das mir so bitter scheint.
Diesen Kummer fürchte ich wirklich.

Wo zwei einander im Herzen Freund werden
und ihrer beider Liebe zu *einer* Treue wird,
die soll niemand scheiden, meine ich,
solange sie der Tod verschont.
Beträfe es mich, dann ginge es mir so:
Wenn ich meine Geliebte verlöre,
seht, so würde ich nie mehr froh.

Der ich diene und immer dienen werde,
die wird meine Worte sehr gut verstehen.
Spräche ich mehr, es wäre allzuviel.
Ich will das alles ihrer Güte anheimstellen.
Ihrer Zuneigung bedarf ich wohl.
Und will sie, so bin ich fröhlich,
und will sie, so ist mein Herz Leides voll.

Das Bild ist eine Illustration zur Auffassung Johansdorfs von der hohen Minne, insbesondere zu seinem Lied. »Ich vant âne huote die vil minneclîchen eine stân« (MF 93, 12). Hier wird im Zwiegespräch zwischen dem Sänger und seiner Dame die Gegenseitigkeit der hohen Minne herausgestellt und ihr ausschließlich sittlicher Lohn, den die Dame mit den Worten beschreibt: »daz ir deste werder sît und dâ bî hôchgemuot«

(»daß Euer sittlicher Wert sich erhöht und damit in Euch das erhebende Bewußtsein der Teilhabe an der höfischen Daseinsform«). Für den komplexen Sinngehalt jenes Liedes hat der Maler eine Chiffre gefunden, die in ihrer Einfachheit fast genial wirkt: Die Füße der Liebenden schreiten aufeinander zu, die Häupter finden sich, die Gegenseitigkeit der Minne ausdrückend, in liebender Vereinigung, aber in der Sphäre der niederen Sinnlichkeit fliehen sich die Leiber, im ganzen eine harmonisch gerundete Einheit bildend.

HEINRICH VON MORUNGEN

Der Dichter ist Thüringer aus der Nähe von Sangershausen. Seit die Stammburg seines Geschlechts 1157 an Barbarossa gefallen war, gehörte seine Familie zu den staufischen Ministerialen. Heinrich stirbt 1222 im Thomaskloster zu Leipzig. In einer Volksballade, die an seinen Namen geknüpft war (Der edle Möringer) blieb sein Andenken noch lange lebendig. Auch Morungen gehört zu den Klassikern des Minnesangs. Seine Dichtung ist hoher Minnesang im reinsten Sinne. Die Minne ist für ihn Dienst an der Geliebten, der hochstehenden Dame, ohne Hoffnung auf Belohnung. In seinen späteren Liedern wird sie zur zauberischen, todbringenden Macht. So heißt es z. B. in einem Liede (MF 126,8): »Von den elben wirt entsên vil manic man: sô bin ich von grôzer minne entsên« (»Von den Elfen wird so mancher durch Blicke verhext: so bin ich von großer Liebe verhext«) und in einem anderen redet er die Dame an: »Vil süeziu senftiu tôterinne« (MF 147, 4).

Das Gedicht (MF 139, 19-140, 10):

Ich hörte auf der Heide
helle Stimme und süßen Klang.
Davon wurde ich beides,

reich an Freude und frei von Schwermut.
Zu der mein Gemüt so sehr strebte und hinflog,
die fand ich beim Tanze, wo sie sang.
Ohne Kummer sprang auch ich da.

Ich fand sie in einem Versteck
alleine und ihre Wangen naß,
als sie am selben Morgen
sich fest entschlossen hatte, mich zu töten.
Die feindliche Gesinnung der heiß Geliebten
empfinde ich wohltuender als das Erlebnis,
wie ich vor ihr kniete, wo sie saß
und ihren Kummer völlig vergaß.

Ich fand sie auf der Zinne
alleine, und sie hatte mich holen lassen.
Dort hätte ich ihr geschickt ein Pfand ihrer
Liebe abnehmen können.
Da glaubte ich, daß die Erde auf der Stelle in Flammen aufging,
doch hat mir nur das süße Band ihrer Liebe
die Sinne geblendet.

Das Bild zeigt den Dichter, wie er im Traum seine Dame erblickt. Das Motiv ist einem Liede Morungens entnommen (MF 145), in dem er die hohe Vollkommenheit des Traumbildes schildert, gleichzeitig aber seine Vergänglichkeit, die Trennung von der Geliebten und die Hoffnungslosigkeit seines Werbens beklagt. So ist es gemeint, wenn sich die Dame auf dem Bilde von dem träumenden Sänger abwendet; das Traumbild gleitet vorüber. Bald wird es ganz entschwunden sein.

Der Dichter ist biographisch kaum zu fassen. Aus spärlichen mittelbaren Quellen glaubt man entnehmen zu können, daß er wahrscheinlich aus dem Elsaß stammt, weiß man, daß er vor 1210 gestorben ist. Aus seiner eigenen Dichtung wissen wir, daß er jedenfalls im letzten Jahrzehnt des 12. Jahrhunderts, wahrscheinlich noch ein paar Jahre darüber hinaus, am Wiener Hof der Babenberger gelebt und gedichtet hat. Reinmar führt die Idee der hohen Minne als Dienst an der unerreichbaren Herrin, zu dessen Wesensmerkmal es gehört, daß er unbelohnt bleiben muß, zu ihrem Höhepunkt und wird in ihrer dichterischen Behandlung zum großen Lehrmeister des Minnesangs, als den ihn schon seine Zeitgenossen verehrten, wenngleich die kompromißlose Strenge, mit der er seinem Ideal anhing, nicht unwidersprochen blieb.

Das Gedicht (MF 159, 1-18, 37-160,5):

Ich bemühe mich um alles, was ein Mann
zu irdischem Glück immer haben muß.
Das ist eine Frau, von der ich gar nicht so
sprechen kann, wie es ihr hoher Stand verlangt.
Preise ich sie wie andere Frauen,
so nimmt sie das von mir doch nicht als gut genug an.
Ich versichere jedoch, sie hat nie einen
Schritt aus dem Kreis weiblicher Tugenden hinausgetan.
Das setzt sie alle matt.

Sie ist mir lieb, doch scheint mir,
daß ich ihr vollkommen gleichgültig bin.
Was tut's! Das ertrage ich
und bin ihr dennoch stets mit meiner Treue nah.
Wie, wenn vielleicht ein Wunder an mir geschieht,
daß sie mich irgendwann einmal doch gerne sieht?
So lasse ich es denn auch neidlos geschehen,

wenn jemand behauptet, er habe größere Freuden erlangt.
Mag er!

Und sollte mir mein Glück vergönnen,
daß ich von ihrem Munde, während sie spricht, einen Kuß stehlen kann,
gibt Gott, daß ich ihn dann mit mir fortbringe,
so will ich ihn heimlich bei mir tragen und immer verbergen.
Sollte sie das aber für eine schwere Kränkung halten
und mich meiner Untat wegen hassen,
was tu ich dann, ich Unglücklicher?
Dann nehme ich ihn und lege ihn wieder dorthin, woher ich ihn nahm,
wozu ich gewiß imstande bin.

Das Bild. Reinmars literarisches Bekenntnis zum unerfüllten Dienst als der höchsten Form der Minne, seine Art, an die Stelle bildhafter Darstellung der Geliebten dichterische Reflexion zu setzen, sein offensichtliches Bemühen, die Umworbene nicht direkt als seine »frouwe«, sondern durch Umschreibungen anzusprechen, kurz: der bewußt kultivierte Abstand zwischen dem Sänger und der Geliebten, das Vermeiden ihrer unmittelbaren Begegnung im Lied, diese charakteristischen Merkmale Reinmarscher Dichtung, von denen schon die Zeitgenossen beeindruckt waren, haben auch den Maler zu seinem Bilde inspiriert: Zwischen dem Mann und der frouwe steht beherrschend und trennend das Attribut des Dichters, das Spruchband. Wie beide miteinander reden – die Redegebärde der Dame deutet es an – geschieht dies durch jenes Medium. Und noch etwas ist ausgedrückt, wofür Reinmar ebenfalls bei seinen Zeitgenossen Anerkennung und Kritik fand: Die Handgebärde des Dichters ist ausgesprochen lehrhaft. Auch er selber verstand sich als Lehrer der hohen Minne, als Lehrmeister der einzig wahren Haltung des höfischen Minners, die darin besteht, daß er sein Leid »schône kan getragen«. Darin, so sagt er selbst, will er »ein meister«, Vorbild, sein, solange er lebt (MF 163, 5 ff.).

Der Dichter dürfte etwa um 1170 geboren sein. Auch heute geht noch immer der Streit darum, ob er ritterbürtig war. Als ebenso unentschieden gilt die Frage nach dem Ort seiner Herkunft. Sein Denkmal in Bozen wurde dort unter der Voraussetzung errichtet, daß er von dem heute noch existierenden Vogelweider Hof im Grödnertal stamme. Doch werden hiergegen von der Forschung ernsthafte Zweifel geltend gemacht. Anfang der neunziger Jahre tritt Walther als Dichter hervor; wahrscheinlich befindet er sich am Wiener Hof, wo er bei Reinmar »singen und sagen« lernte. Nach einem Zerwürfnis mit Reinmar muß er 1198, als sein Gönner Friedrich von Österreich auf dem von Heinrich VI. begonnenen Kreuzzug (1197/98) stirbt, Wien verlassen. Jetzt beginnt ein langes Wanderleben für ihn, das erst 1220 mit dem Empfang eines Lehens von Friedrich II. endet. Etwa 1230 ist er gestorben und, wie vielfach angenommen wird, in Würzburg begraben. Walther beginnt als Schüler Reinmars. Doch wirkt auch Morungen schon früh auf ihn ein. Er gerät bald mit seinem Lehrmeister in eine heftige persönliche und literarische Auseinandersetzung, die für seinen Minnesang den Beginn einer allmählichen Abkehr vom Ideal der hohen Minne Reinmarscher Prägung und die Hinwendung zu der Auffassung, daß die Minne nur in der Gegenseitigkeit ihre Erfüllung finden kann, einleitet. Im Gegensatz zu Reinmar und den Dichtern des hohen Minnesangs überschreitet Walther aber auch die ständischen Grenzen und bezieht unter dem Einfluß der Vagantenpoesie in sein dichterisches Werk die »niedere Minne« mit ein, die Liebe zu dem Mädchen niedrigeren Standes, die in jeder Hinsicht gegenüber den Anstandsregeln der großen Gesellschaft die größere Freiheit eröffnet. Obwohl Walther trotz seines Bemühens, zwischen diesen beiden Formen der Minne die Synthese zu finden, auch unter seinen Verehrern auf entschiedene Kritik stößt, tut dies seinem Dichterruhm keinen Abbruch. Nicht erst im Nachruf auf einen Toten, sondern in der Blüte seiner Jahre und auf der Höhe seines dichterischen Schaffens wird ihm von einer anderen Geistesgröße seiner Zeit die Palme des Dichterruhms gereicht: Bald nach Reinmars Ableben, aber noch vor 1210, beantwortet Gottfried von Straßburg in seinem Versroman von Tristan und Isolt die dort gestellte Frage, wer denn jetzt, nachdem die »leitevrouwe« aller Nachtigallen, die von Hagenau, für immer verstummt ist, die Schar der Dichter anführen solle, damit, daß er auf Walther deutet. Der wisse, wo er die Melodie der Minne zu suchen habe, in seinem Sang herrsche die Göttin der Minne selber. Ein Späterer, der Bamberger Schulmeister Hugo von Trimberg (etwa 1230 bis um 1313) faßt die Verehrung für den großen Dichter in die schlichten Worte:

»Herr Walther von der Vogelweide
swer des vergæze, tæte mir leide«.

Das Gedicht (LWa 51, 13):

Wollt ihr schauen, was dem Mai
an Wundern zuteil geworden ist?
Seht an Pfaffen, seht an Laien,
wie das alles sich tummelt.
Groß ist seine Macht!
Ich weiß nicht, ob er sich auf Zauber versteht:
Wohin er mit seiner Pracht kommt,
da ist niemand alt.

Bald wird es uns gut gehen:
Wir werden vergnügt sein,
tanzen, lachen und singen
ohne in bäurisches Benehmen zu verfallen.
Ach, wer wollte da mürrisch sein!
Da die Vögel so herrlich
ihre schönsten Melodien singen,
wollen wir es auch so machen.

Wohl dir, Mai, wie du
alles in Freundlichkeit schlichtest!

Wie du Wald und Wiesen bekleidest
und schöner noch die Heide!
Die ist noch bunter.
»Du bist kürzer, ich bin länger«
so streiten auf dem Anger
Blumen und Klee.

Roter Mund, wie erniedrigst du dich!
Laß dein Lachen sein!
Schäm dich, daß du mich anlachst
zu meinem Schaden.
Tut man so etwas?
Wie ist doch eine solche Stunde vertan,
wenn von einem zur Liebe bestimmten Munde
solche Lieblosigkeit ausgeht.

Was mich, Herrin, um meine Freude bringt,
das seid eben Ihr.
Ihr allein macht mir Kummer,
grausamens Weib.
Wie kommt Ihr zu dieser Gesinnung?
Ihr seid doch reich an Möglichkeiten, einen Mann zu beglücken;
behandelt Ihr mich lieblos,
dann seid Ihr nicht vornehm.

Nehmt mir, Herrin, meinen Kummer,
macht mir das Leben angenehm.
Sonst bleibe ich arm an Freude.
Mögt Ihr glücklich sein!
Wollt Ihr Euch einmal umschauen?
Alle Welt ist vergnügt:
Möchte mir doch von Euch ein kleines
Freudelein widerfahren.

Das Bild, weithin bekannt, bezieht sich auf den ersten der drei Sprüche im Reichston Walthers, der mit den Versen beginnt:

»Ich saz ûf eime steine
und dahte bein mit beine,
dar ûf satzt ich den ellenbogen,
ich hete in mîne hant gesmogen
daz kinne und ein mîn wange.
dô dahte ich mir vil ange,
wie man zer werlte solte leben ...«

Genau so ist die Haltung des Dichters hier dargestellt. Daß der Stein begrünt und mit Blumen bewachsen ist, soll sicher an Walthers lyrisches Werk mit seinen Naturmotiven erinnern. Das große Schwert deutet auf Walthers ritterliche Abkunft, die dem Maler offenbar weniger zweifelhaft war als heute der Forschung.

WOLFRAM VON ESCHENBACH

Der Dichter des ›Parzival‹ und des ›Willehalm‹ darf in dieser Auswahl nicht fehlen, obwohl das Minnelied in seinem Gesamtwerk keine besondere Rolle spielt. Doch ist er immerhin als der eigentliche Schöpfer des deutschen Tageliedes anzusehen, jener Gattung lyrischer Gedichte, in welcher der Abschied der heimlich Liebenden bei Tagesanbruch klagend besungen wird. Wolfram, ritterlicher Herkunft, stammt aus einem Ort Eschenbach nahe Ansbach, der sich heute nach dem Dichter Wolframs-Eschenbach nennt. Dort mag er im letzten Drittel des 12. Jahrhunderts, vielleicht um 1170, geboren sein; bald nach 1217 ist er gestorben und in seinem Heimatort begraben, wo sein Grab noch im 16. Jahrhundert bekannt war.

Das Gedicht (KLD 69, VI 1-3, 5):

Das Sprießen der Blumen, das Hervordrängen des Laubes und die Maienluft verwenden die alten Vogelmelodien. Ich kann bisweilen Neues singen,

während noch der Reif liegt, edle Frau, wenn auch alles ohne deinen Lohn.
Von den Waldsängern und ihrem Gesang
hörte nach des Sommers Mitte keines Menschen Ohr mehr etwas.
Der leuchtenden Blumen Glänzen,
wo immer sie stehen, werden die Tautropfen verklären.
Die lieben Vögel mit ihren hellen Stimmen,
sie wiegen den ganzen Mai hindurch mit Gesang ihre Kinder.
Damals schlief die Nachtigall nicht.
Jetzt bin ich wieder munter und singe auf dem Berge und im Tal.
Mein Lied verlangt Erhörung
von dir, herrliche Frau: jetzt hilf, da Hilfe nötig geworden ist.
Dein Lohn soll dem Dienst entsprechen,
den ich dir immer darbringe und darbringe bis an meinen Tod.
Laß mich von dir den Trost empfangen,
damit ich von meinen langen Klagen erlöst werde.
Edele Frau, deine süße Güte
und dein lieblicher Zorn hat mir viel Freude verwehrt.
Willst du mein Gemüt erheitern?
Denn ein helfendes Wort von dir macht mich ohne Mühe gesund.
Wende meinen Trübsinn,
so daß ich hochgemut werde für mein ganzes Leben.

Das Bild. Groß und gewaltig, fast ein wenig ungeschlacht, füllt die Dichterfigur mit Schild und Sturmfahne die eine Hälfte des Bildes. Dieser reckenhaften Gestalt traut man gerne die unwirschen Worte zu, die Wolfram gegenüber dem zarten, intellektuellen Werben des Minnesangs, dem er damit eine Absage erteilt, im 2. Buch des Parzival (115, 11 ff.) ausspricht:

schildes ambet ist mîn art:
swâ mîn ellen sî gespart,

swelhiu mich minnet umbe sanc,
sô dunket mich ir witze kranc.
ob ich guotes wîbes minne ger,
mag ich mit schilde und ouch mit sper
verdienen niht ir minne solt,
al dar nâch sî sie mir holt.
(»Zum Ritterdienst bin ich geboren.
Wenn mein Kampfesmut geschont werden soll,
wenn mich eine um meiner Dichtkunst willen
liebt, so kommt sie mir recht einfältig vor.
Wenn ich um die Liebe einer edlen Frau
werbe, und ich kann nicht mit Schild
und Speer den Lohn ihrer Minne erlangen,
so soll das Maß ihrer Zuneigung auch danach sein«.)

Das feurige, nervös tänzelnde Pferd, das der Knappe mit einem Griff in die Nüstern bändigen muß, paßt zu diesem Bild kampfeseifrigen Rittertums.

ULRICH VON LIECHTENSTEIN

Der Dichter wurde etwa 1198 oder wenig später in der Steiermark geboren. Stammschloß seines Geschlechtes ist die Burg Liechtenstein an der Mur bei Judenburg. Er wurde Truchseß und später Landesmarschall der Steiermark und starb 1275 oder 1276.

1255 dichtete er eine Art Selbstbiographie in Versen, in der er jedoch nur von seinem Minnedienst berichtet, und die er deshalb »Frowen dienst« nennt. In diese Verschronik baut er alle seine bis dahin entstandenen Minnelieder ein, 58 an der Zahl. In einer Zeit, in der sich der Niedergang des höfischen Rittertums zunächst leise anbahnt und – in den späteren Jahren des Dichters – schließlich deutlich hervortritt, bekennt sich Ulrich in bewußter Abkehr von den Verfallserscheinungen zum Ideal der hohen Minne. In dem ersten Teil seiner Gedichte sind Reinmar und Walther seine Vorbilder, in den späteren lehnt er sich an Gottfried von Neifen an. Trotz alledem ist Ulrich, ihm ganz unbewußt, in der Exaltiertheit, mit der er den Minnedienst wahrnimmt, schon selber eine Verfallserscheinung, so wenn er das Handwasser der Dame schlürft oder sich einen Finger abhackt und ihr zum Zeichen seiner Ergebenheit zusendet.

Das Gedicht (KLD 58, IV 1-4):

In dem Walde süße Weisen
singen kleine Vögelein.
Auf der Heide die schönen Blumen
blühen im hellen Licht des Maien.
Ebenso erblüht meine Hochstimmung
im Gedenken an ihre Güte,
die mir mein Herz reich macht
wie der Traum es den Armen tut.

Es ist eine sehr anspruchsvolle Hoffnung,
die ich auf ihre höfische Bildung setze,
daß ich bei ihr Erfolg habe,
daß ich Beglückung bei ihr erlange.
Dieser Hoffnung bin ich froh.
Gebe Gott, daß ich zum erwünschten Ziel komme,
daß sie meine Erwartung nicht enttäuscht,
die mir so eine richtig große Freude bereitet.

Die Süße, ohne Falsch,
ganz frei von jedem Makel,
sie lasse mich in der schönen Hoffnung,
solange es nicht anders sein kann.
Mag die Freude lange währen,
möchte ich doch aus dem Hoffnungstraum nicht erwachen,
könnte ich dem Trost entgegenlachen,
den ich von ihrer Huld begehre.

Hoffen und freundliches Erinnern
sind meine größte Lust.
Der Trost von ihrer Seite ist mir sicher,

daß sie mich mit beidem ihr nah sein läßt,
daß sie mir gern die große Seligkeit
gewährt, die von ihr ausgeht,
daß sie mich immer glücklich macht.

Das Bild. In seinem »Frauendienst« berichtet Ulrich, wie er – es war im Frühling 1227 – als »Frau Venus« verkleidet eine Turnierfahrt von Venedig aus durch Österreich bis an die böhmische Grenze unternommen habe. Am Tage nach St. Georg (24. April) sei er als »diu werde küneginne Venus« bei Mestre aus dem Meer emporgestiegen und habe danach seine Fahrt angetreten. Damit sind die wesentlichen Motivelemente des Bildes genannt: Das Meer, dem der Venus-Ritter entsteigt (es ist wieder mit kämpfenden Ungeheuern bevölkert), die Turnierfahrt, die in der turniermäßigen Rüstung des Ritters ausgedrückt ist; Venus, die Empfängerin dieser Huldigung, erscheint, wie eine Königin gekrönt, als Helmzier. In der Rechten trägt sie einen Pfeil, in der anderen Hand eine Fackel. Krone, Pfeil und Fackel erinnern an die Verse, in denen Der Wilde Alexander den Gott Amor beschreibt (KLD 1,7 Str. 10):

»ûf rôtem velde ein nacket Kint,
daz ist gekrœnet unde ist blint;
von golde ein strâle in einer hant
und in der andern ist ein brant.«

NEIDHART VON REUENTAL

Der Dichter bezeichnet sich in einem seiner Lieder selbst als den »von Riuwental«, wobei nicht ganz sicher ist, ob es sich dabei um einen echten Ortsnamen handelt oder eine Allegorie. Jedenfalls stammt er aus Bayern und ist ritterlichen Standes. Er ist mindestens 10 Jahre jünger als Walther von der Vogelweide, doch ist ein Teil seiner Dichtung schon im zweiten Jahrzehnt des 13. Jahrhunderts allgemein bekannt. Neidhart besaß ein bayerisches Lehen, das er aber um 1230 verlor. Er ging dann nach Österreich und fand dort in

Friedrich dem Streitbaren einen neuen Gönner. Bis 1237 läßt sich aus politischen Anspielungen in seinen Liedern sein Leben sicher verfolgen. Sein Tod, so nimmt man an, fiel in die Jahre vor 1246.
Wenn Walther auch in seinen ›Mädchenliedern‹ die Grenzen des höfischen Minnesangs noch nicht verlassen hatte, so ist ihm Neidhart in seinen »Sommerliedern« zum Teil auf diesem Wege noch gefolgt. Hier ist noch vieles an Ausdruck und Form durchaus höfisch. Was aber Walther so schockierte und zu empörtem Widerspruch reizte, war die grobianische »Dörperdichtung« Neidharts, in der Neidhart die rüpelhaften, rittermäßig herausgeputzten Bauernflegel verspottete und gleichzeitig in ihnen ein fragwürdig gewordenes höfisches Minneideal, ja höfisches Wesen überhaupt, zu karikieren suchte. Aber seine Lieder hatten Erfolg, auch an den Höfen des hohen Adels, ebenso im Volk, wo sie weite Verbreitung fanden und, angereichert mit vielen Nachahmungen, bis ins 16. Jahrhundert lebendig blieben.

Das Gedicht (LNS 3):

Auf dem Berg und in dem Tal
beginnt wieder das Vogelkonzert,
dies Jahr wie früher
grünt der Klee.
Mach dich davon, Winter, du tust weh.

Die Bäume, die grau dastanden,
die haben alle ihr neues Gezweig
voller Vögel.
Das tut wohl.
Daran hat der Mai seinen Anteil.

Eine Alte rang mit dem Tode
Tag und Nacht.
Die sprang seither
wie ein Ziegenbock
und stieß die Jungen alle zu Boden.

Das Bild hat bislang ganz widersprechende Erklärungen gefunden: »Bauern, die den Dichter lächelnd umdrängen und ihn bitten, weiterzusingen«, sagen die einen, »Neidhart, von Bauern umringt und bedroht«, die andern. Die kurzen Röcke, die schrägen Binden um die Unterschenkel und die gröberen Gesichter lassen in der Tat keinen Zweifel daran, daß es Bauern sind, die auf die zentrale Figur des edler gezeichneten ritterbürtigen Dichters von rechts und links eindringen. Die Szene ist auf grüner Wiese dargestellt, aber dies tuchnahe Gedränge erinnert doch mehr an das Gewimmel in den Tanzstuben der Winterlieder, und in der (vom Beschauer aus) rechten Gruppe glaubt man an den großen Schwertern der beiden, den hohen Stiefeln des einen und den geckenhaft roten Schuhen des anderen die beiden Kumpane Limizûn und Holerswam (aus dem Liede LNW 30) zu erkennen, in Verbindung gebracht mit der im gleichen Gedicht (Str. 7) zitierten Bitte: »Guter Mann, singt etwas. Laßt uns mit Euch singen. Verhelft uns zu unserem Vergnügen«. Diese Bitte wird von den beiden mit freundlichem Grinsen vorgebracht und von dem Mann im gelben Rock mit einer Gebärde der Begeisterung noch unterstrichen. Der Sänger wehrt jedoch ab.
Anders die linke Gruppe: Hier denkt der Maler wohl eher an das Winterlied »Owê sumerzît, daz dir niemen hilfe gît!« (LNW 25), in dem Neidhart erzählt, wie ihm dreißig Jahre lang die Bauernlümmel immer in die Quere gekommen sind, ihn von den Mädchen weggeschubst und den Erfolg seines Werbens verhindert haben. Dazu paßt der drohend erhobene Finger der Figur ganz links und auch die Art, wie der Bursche im blauen Rock den Sänger anfaßt. Der aber hebt die Hand zum Schwur, denn: »daz doch nimmer wird verkorn, des ich tiuwer hân gesworn«, er werde diese schlechte Behandlung nie vergessen, das habe er hoch und teuer geschworen.

Der Dichter. Es spricht manches dafür, daß der Tannhäuser ein ostfränkischer Ritter war und daß er aus Thannhausen bei Freystadt in der Oberpfalz stammen könnte. Er wurde bald nach 1200 geboren, nahm am 5. Kreuzzug (1228/29) teil und blieb im Anschluß daran noch einige Zeit im Orient. Von dem Babenberger Friedrich dem Streitbaren erhielt er ein Lehen bei Wien, das er aber nach des Herzogs Tod (1246) wieder verlor. Seitdem führte er ein unstetes Leben, das sich noch bis 1266 verfolgen läßt. Bald darauf dürfte er gestorben sein. Als Minnesänger dichtet der Tannhäuser Tanzlieder. Die Welt dieser Lieder ist die höfische Welt im Zustand ihres Verfalls. Sie wird in eleganter Manier persifliert, klassischer Minnesang wird parodiert, aber gleichzeitig drückt sich auch – ganz ernst zu nehmen – eigenes freies und heiteres Lebensgefühl aus. Das Mädchen seiner Lieder ist nicht die Bauerndirne Neidharts, sondern eine junge Dame von Adel, aber wie er ihr begegnet, das ist doch weit entfernt etwa von der Zurückhaltung Walthers in seinen Mädchenliedern. Wenn dieser in dem Lied »Si wunderwol gemachet wîp ...« Haupt und Wangen, Hals, Hände und Füße seiner Schönen, die er heimlich nackt aus dem Bade kommen sieht, lobend beschreibt, aber »was dazwischen« ist nur summarisch preist, so kennt der Tannhäuser keine Hemmungen, auch das noch im Detail zu besingen:

»Wîz sint ir beinel,
lint diu diehel, reitbrûn ist ir meinel,
ir sitzel gedrollen.
swes man an frouwen wünschen sol,
des hat si gar die vollen«.

(»Weiß sind ihre Beinchen, weich die Schenkel, braungelockt ist ihr Venushügel, ihr Popochen rund und drall. Alles, was man sich an einer Frau wünscht, das hat sie in vollkommenem Maße«.) Es war gewiß nicht von ungefähr, daß sich die Sage vom Ritter im Venusberg gerade an seine Person knüpfte.

Das Gedicht (Bartsch LD 47, 1-9, 19-50, 67-96, 120-130):

Der Winter ist vergangen.
Das stelle ich auf der Heide fest,
wohin ich gegangen bin:
Ich genoß einen schönen Anblick.

Wer sah je eine so schöne Wiese
voll herrlicher Blumen?
Von denen pflückte ich zu einem Kranz.
Den trug ich mit Freuden zu den Damen auf dem Tanzplatz.
Will jemand hochgemut werden, der versuche sein Heil.

In der Nähe befand sich ein Forst,
dorthin lenkte ich eilends meinen Schritt.
Da hörte ich, wie mich so süß
die Vögel empfingen.
Gern vernahm ich diesen Gruß!

Ich hörte da wohltönend singen,
die Nachtigal flöten.
Da mußte ich, wie es sich gehört, sagen,
wie es mir gehe:
Ich war ohne jeden Kummer.

Einen Fluß sah ich dort,
durch den Wald floß ein Bach
zutal über eine Aue.
Ich schlich ihr nach bis ich sie fand, das schöne Geschöpf.
An der Quelle saß die reine, liebliche Gestalt.

Ihre Augen hell und wohlgebildet,
ihre Redeweise war nicht zu keck,
man konnte sie gut leiden.
Ihr Mund ist rot, ihr Hals weiß,
ihr Haar blondgelockt, ziemlich lang und wie Seide.
Müßte ich vor ihr tot umfallen, ich möchte sie nicht aufgeben.

Weiß wie Hermelin
waren ihre Ärmchen,
ihre Figur war schlank
und allenthalben wohlbeschaffen.

Etwas üppig war sie dort,
wohlproportioniert anderswo,
bei ihr ist nichts vergessen:
Weiche Schenkel, gerade Beine, ihre Füße von rechtem Maß.
Nie sah ich eine schönere Gestalt, die mein Herz besessen hat.
An ihr ist alles vollkommen.

So neigte ich mich dort vor der Schönen:
Ich wurde froh
von ihrem Gruß.
Sie bat mich, ihr vorzusingen
von den Zweigen der Linde
und dem Glanz des Maien.

Wo die Tafelrunde stattfand,
an der wir geziemend teilnahmen,
war oben Laub, darunter Gras:
Sie wußte sich gut zu benehmen.

Dann war da keine Rittergesellschaft mehr,
nur wir zwei in einem Kleefeld.
Sie tat ihre Schuldigkeit
und machte, was ich wollte.

Ich tat ihr ganz behutsam weh.
Ich wünschte, es wäre noch nicht vorbei.
Ihr stand gut das Lachen.
Dort begannen wir beide ein fröhliches Treiben:
Das geschah aus Verliebtheit und anderen ungewöhnlichen Gründen.

Von Liebe sprach ich zu ihr
und sie vergalt es mir auf süße Art.
Sie sprach, sie litte es gerne,
daß ich ihr täte, wie man den Frauen zu Palermo tut.

Was dort geschah, daran denke ich immer:
Sie wurde meine Frau und ich ihr Mann.
Wohl mir! Ein solches Erlebnis!
Der ist immer glücklich, der sie sieht,
weil man von ihr das Beste sagt:
Sie ist so lieblich.
Alles wurde da auf der Wiese von uns bewilligt.

Wo sind jetzt die jungen Mädchen,
wenn sie nicht bei uns sind?

Soll mir Kunigunde glücklich sein!
Dürfte ich sie tausendmal
auf ihren rosenfarbnen Mund küssen,
so wäre ich für alle Zeit geheilt,
nachdem sie mir das Herz
ganz bis auf den Grund der Minne verwundet hat.

Sie ist entzwei,
heia nu hei,

des Geigers Saite,
die ist entzwei.

Das Bild. Wohl schon um 1300 mag jenes Lied vom Tannhäuser enstanden sein, in dem die historische Persönlichkeit unseres Dichters als die bekannte Sagenfigur des Ritters im Venusberg vorgeführt wird. Der Tannhäuser, so erzählt das Gedicht, hat ein Jahr der Frau Venus gedient und will sich, ihrer Liebe überdrüssig geworden, von ihr trennen. Sie versucht ihn festzuhalten, und erst, als er die Jungfrau Maria zu Hilfe ruft, gibt sie nach und läßt ihn ziehen. Er begibt sich nach Rom zum Papst Urban IV., um durch ihn die Ver-

gebung seiner Sünden zu erlangen. Der Papst jedoch zeigt ihm einen dürren Stab und meint: »als wenig das steblin gronen mag kumstu zu gottes hulde«. Nach drei Tagen begann der Stab dennoch zu grünen; Gott hatte dem reuigen Sünder wider Erwarten des Papstes doch seine Gnade geschenkt. Aber der Tannhäuser war nach dem hoffnungslosen Bescheid wieder in den Venusberg zurückgekehrt, so daß ihn die Kunde von seiner Erlösung nicht mehr erreichte.
Der Maler hat – ohne Rücksicht auf den pessimistischen Schluß der Sage – das Erlösungsmotiv seinem Titelbild zugrundegelegt: Maria war es, die dem sündigen Ritter die Gnade Gottes erwirkt hatte. Ihr also war der Erlöste – wie auch nach dem Liede – zugehörig. Um dies bildlich darzustellen, wählt der Maler für die Dichterfigur eine Ordenstracht, und zwar die Tracht eines Ordens, mit dessen Wesen als Ritterorden sich die Zugehörigkeit des Dichters zum Ritterstande und mit dessen ursprünglichem Namen sich die Verbindung zur Gottesmutter darstellen ließ: Er trägt den weißen, mit dem schwarzen Kreuz versehenen Mantel der Deutschordensritter, der »Herren vom Deutschen Hause von St. Marien« (Ordo domus Sanctae Mariae Teutonicorum). Die Blätterranken zu beiden Seiten der Dichtergestalt erinnern an das Wunder des verdorrten Stabes, der nach drei Tagen zu grünen beginnt, und es ist vielleicht kein Zufall, daß die Zweige auf dem Bild die Blätter der dämonenabwehrenden Eiche tragen, übereinstimmend mit der abwehrenden Gebärde der linken Hand des Tannhäuser.

BURKHART VON HOHENFELS

Der Dichter ist staufischer Ministeriale. Seine Burg, von der noch Trümmer stehen, lag über dem Bodensee bei Sipplingen. Er ist 1212 zum ersten Mal urkundlich bezeugt, muß also vor der Jahrhundertwende geboren sein. 1242 wird er letztmalig erwähnt. In der Umgebung Heinrichs VII. ist er bis 1228 anzutreffen.

Burkhart ist der Älteste einer Gruppe von Minnesängern, die man in der Literaturgeschichte als spätstaufische Lyriker zusammenfaßt, weil sie durch ihre persönliche Nähe zu der Umgebung Friedrichs II. und seiner Söhne geprägt sind.
Das Lied, das hier wiedergegeben ist, zeigt eine charakteristische Seite von Burkharts Dichtung. Erinnert es auf den ersten flüchtigen Blick an Neidhart, so ist doch der grundlegende inhaltliche Unterschied der, daß es nicht Bauernjungen und -mädchen sind, die ihrem Vergnügen auf der Tenne nachgehen, sondern adlige Jugend. Aber der bäuerische Tanzplatz ist ihnen nicht zu schlecht; es liegt etwas wie trotziger Widerspruch gegen die strenge höfische Zucht darin, wenn sie alle begeistert den Vorschlag der Alten aufgreifen, und dieser Haltung entspricht dann ganz das als Refrain sich ständig wiederholende Bekenntnis des Dichters zu »Freude und Freiheit«.

Das Gedicht (KLD 6, VI 1-3):

Als die Luft mit Sonnenfeuer
temperiert und gemischt wurde,
gab das Wasser seinen Anteil dazu,
so wurde der Leib der Erde erfrischt.
Durch ein heimliches Umfangen
wurde sie mit Früchten der Freude schwanger.
Das bewirkte die Luft, ungelogen.
Schaut selber auf den Anger hinaus.
    Freude und Freiheit,
    dazu ist die Welt gemacht.

Die Hitze in der Stube trieb uns hinaus,
Regen jagte uns wieder unter Dach.
Eine Alte riet uns ganz vernünftig,
uns nach Belieben in der Scheune einzurichten.
Da wurden die Sorgen ganz vergessen,
Trübsinn mußte schleunigst weichen.
Die Freude brachte das Leid in Verlegenheit,
als der Tanz zu schleifen begann.

Freude und Freiheit,
dazu ist die Welt gemacht.

Die ganz süße Scheunenweise
vermochte großen Kummer zu mindern.
Gleichmäßig setzten sie ihre Schritte und leise.
Jeder begann darüber nachzudenken,
was ihm das Allerliebste wäre.
Wer sich das selber vornimmt,
dem wird Liebesleid leicht:
Angenehme Gedanken regen die Freude an.
Freude und Freiheit
dazu ist die Welt gemacht.

Das Bild zeigt, wie der Dichter seiner »frouwe« ein Büchlein (mit seinen Liedern) überreicht, womit die Tatsache angedeutet wird, daß Burkhart ein »gelehrter Ritter« war, der, wie Hartmann von Aue, lesen und schreiben konnte.

KONRAD VON ALTSTETTEN

Der Dichter gehört dem Geschlecht der Herren von Altstetten, Dienstmannen des Klosters St. Gallen, an, deren Burg im Hochrheintal bei Altstätten lag. Welcher Angehörige der Familie der Dichter ist, ist nicht bekannt, doch dürfte er dem späten 13. Jahrhundert angehören.
Als Dichter gehört er zu den wenig bedeutenden späten Nachahmern Gottfrieds von Neifen.

Das Gedicht (SMS 24, 3):

Der Sommer hat den Mai
fröhlich vorausgesandt,
Damit er Freude pflanzt
und auch damit der Sommer wiedererkannt wird,

da er zuvor vertrieben war.
Ihr Kinder, ihr seid nicht träge,
ihr erkennt ihn, er bringt euch Blumen und Gras.
Zwei braune Brauen
die haben mich dort
und anderswo sehr verwundet.

Wenn eine Frau traurig wäre,
die soll fröhlich sein.
Ich gebe ihr eine gute Nachricht:
Es maiet heuer so,
daß aller Frauen Heil
großenteils aufgeht.
Ihr Kinder, ihr sollt bei vergnügten Unterhaltungen
das ganze Jahr hindurch lustig sein.
Ein weißer Hals
hat es geschafft:
Er läßt mich bei jungen Jahren grau werden.

Wünscht jetzt alle miteinander,
daß mein Leid vergehe:
daß ich der, die ich mit Hingabe liebe,
(sie tut mir oft weh),
bekannt werden möge.
Ihr Kuß, der wäre ein Pfand,
das ich sofort für tausend Mark annehmen würde.
Eine Umarmung
mit weißen Armen,
das wünscht dem, der das Tanzlied dichtete.

Das Bild. Der Sänger, dessen ritterliche Abkunft der Falke auf seiner Hand symbolisiert, ruht im Schoß der Geliebten, die ihn, wie er es sich in dem hier wiedergegebenen Liede wünscht, mit ihren Armen umfängt und ihre in einem anderen Gedicht (MS 24,2) so besonders nachdrücklich besungene Rosenwange an die seine drückt. Das Rosenstämmchen im Hintergrund deutet auf den »Natureingang« seiner Lieder hin.

Der Dichter, dessen Stammburg auf heutigem Züricher Gebiet lag, ist wahrscheinlich der 1219 in einer Urkunde erscheinende Wernher von Teufen, der vielleicht schon um 1240 gestorben ist.
In der Geschichte des Minnesangs gehört er zum mäßigen Durchschnitt.

Das Gedicht (SMS 3,2):

Ich sah die Blumen herrlich sprießen
zu schöner Jahreszeit, der Wald war wohlbelaubt.
Die Freude will der kalte Winter verdrängen,
er hat den Anger seiner Fülle beraubt.
Dazu hat mich um meinen Verstand gebracht
meines Herzens Trost, meine Königin.
Ihr roter Mund hat mich verwundet,
so daß ich aus wahrer Liebe wie betäubt bin.

Weshalb beklage ich die Blumen auf der Heide?
Warum beklage ich nicht den Kummer, den ich leide?
Da mir doch meine Dame soviel Schmerz bereitet,
die mir ohne meine Schuld bösgesinnt ist.
Wie gut versteht sie es doch, Herzeleid zu vertreiben!
Sie ist die Krone aller reinen Frauen.
Ihre Wängelein
geben einen hellen Schein:
Nach meinem Leid wäre ich froh, besäße ich ihre Zuneigung.

Das Bild ist nicht die Illustration nur einer bestimmten Stelle in den Liedern Teufens, sondern es spiegelt manche Bilder daraus wieder. Der ritterliche Sänger reitet mit seiner Dame über die grüne Heide, die öfter in seinen Versen die Szenerie für seine Minneklagen abgibt. Er ringt mit seinen Gebärden um die Huld der Dame, die sich ihm deutlich

versagt, und ist dennoch durch ihre Minne gebunden wie der Falke mit den roten Riemen an die Hand der Herrin – ganz so, wie er es in einem seiner Lieder ausdrückt (SMS 3,4 V. 35, 42). Wenn er den Ritter auf den Mund der Dame zeigen läßt, so spielt der Maler gleich auf zwei Stellen an: Der rote Mund bringe dem Dichter Tod und Schmerzen (Nr. 3 V. 37 ff.) und: auf »mundes minne« gebe er nichts, das Herz müsse dabei sein (Nr. 5, V. 4 ff.).
Aber der Maler will Minnenot und -schmerzen, die Klagen um die Herzenskälte der Dame und die Beschwörung des Todes bei Werner von Teufen doch nicht so bitterernst nehmen. Er sieht wohl mehr ein konventionelles Formenspiel darin. Deshalb hängt er der Szene einen kleinen spaßhaften Schnörkel an: Die Pferde wiederholen das Spiel ihrer Reiter in komisch genauer Nachahmung.

JAKOB VON WARTE

Der Dichter. Auch die Stammburg der Freiherrn von Warte lag im heutigen Kanton Zürich. Als Dichter wird der Bruder des an der Ermordung König Albrechts I. (1308) beteiligten und auf dem Rade hingerichteten Rudolf von Warte angesehen. Jakob hatte dann gleichfalls unter der Rache der Habsburger schwer zu leiden. Seine Burg wurde zerstört; er lebte danach viele Jahre in einer Bauernhütte. Auch er ist ein nicht mehr als durchschnittlicher Nachahmer Neifens.

Das Gedicht (SMS 22, 1 Vers 1-24, 33-40):

Man kann süßes Singen
überall in den Auen hören,
löblichen Gesang erklingen,
besonders von der Nachtigall;
schaut auf den weiten Anger,
und seht auch an der leuchenden Heide,

wie schön sie sich mit ihrem Gewand
beim Herannahen des Mai bekleidet hat.

Die Jahreszeit gewährt einen herrlichen Anblick:
Mancherlei Blümelein
lachen aus dem Maientau
dem hellen Sonnenschein entgegen;
was kann mir mein Gemüt erheitern,
da mich ein Herzeleid bedrückt,
weil mir die keine Erhörung schenkt,
bei der ich so sehr gerne wäre?

Ach, du Liebenswerte, Gute,
befreie mich von Liebespein,
entlaß mich nicht aus deiner Fürsorge,
oder ich habe alle Freude verloren.
Ich muß deine Hilfe fordern:
Entläßt du mein Herz aus deiner Obhut,
so kann mich nichts froh machen,
außer daß du mir Erhörung gewährst.

Minne, du mußt uns beiden gemeinsam gehören,
oder ich habe alle Freude verloren.
Gib, daß mir der Liebsten rotes Mündlein
freundliches Wohlwollen entgegenbringe.
Da du mich beherrschst
und meine Gedanken leitest,
wie immer du willst, ach liebe Minne,
so sollst du auch sie beherrschen.

Das Bild ist eine Anspielung auf den Namen: Dem Dichter wird im Bade aufge*wartet*. Das Bad findet auf dem von ihm viel besungenen Anger statt, und auf der Linde im Hintergrund singen die gleichfalls sehr oft (in fünf von seinen sechs erhalten gebliebenen Liedern) zitierten »kleinen vogellîn«.

Der Dichter ist ebenfalls Schweizer. Die Grafen von Toggenburg waren im Thurgau ansässig. Der Name Kraft erscheint mehrmals in der Familie; welcher Träger dieses Namens der Dichter ist, ist unsicher. Neuerdings werden gute Gründe für die Annahme vorgebracht, daß es sich um Kraft III. gehandelt hat, der 1339 als Propst des Chorherrnstifts zu Zürich in hohem Alter verstarb. Die Minnelieder mögen aus seiner Jugend, vielleicht aus seiner Studienzeit stammen. Auch Kraft erweist sich in seinen Gedichten als ein Nachfolger Neifens, aber selbständiger und talentierter als die vorher Genannten (Nr. 16-18).

Das Gedicht (SMS 6, 5 Vers 1-28):

Mir ist traurig zumute,
weil der Winter beides,
den Wald und auch die Heide,
farblos gemacht hat.
Seine Gewalttätigkeit
läßt Blumen nicht sprießen
und die Vögel nicht singen
ihren süßen Gesang.
Ebenso bringt mich eine beglückende Frau ins Verderben,
die mich ohne Hilfe läßt,
die ihr zu Gebote steht;
dadurch vergeht mir alle Freude.
Meiner Schmerzen
wäre ich sogleich ledig,
dürfte ich die Vollkommene
schauen ohne Kummer.
Die Edle
besitzt feine Lebensart und Würde.
Die Vollkommenheit und dazu noch mehr
ist ihr zuteil geworden.
Sie hat Rosenwangen, ein rotes Mündlein,
lange blonde Haare,

einen weißen Hals,
schlanke Hüften:
Meine Gedanken werden geadelt,
wenn ich sie ihr zuwende.

Das Bild dürfte wohl auf eine bewußt eigenwillige Namensdeutung von seiten des Malers zurückgehen. Er hat, um ein Motiv zu finden, das auf den Minnesänger anwendbar war, aus der Namensform To(c)kenburg eine »Mädchenburg« (von tocke, eigtl. »Puppe«, aber auch »junges Mädchen«) herausgelesen. Das übrige ist, deutlich karikiert, das Schema des Toggenburgschen Minnesangs, im Bilde dargestellt: Auf der Mädchenburg steht, hoch über ihm, diu vil hêre, so hoch, daß er eine Leiter braucht, um sich ihr zu nähern. Dabei fleht er mit erhobenen Händen, wie in vielen seiner Strophen, um ihre Minne: wand ich mit stæte nâch ir minne ringe (Lied Nr. 2, Vers 20). Daß er bei diesem halsbrecherischen Balance-Akt Kopf und Kragen riskiert, kümmert ihn nicht, denn: »Ich . . . diene ir ouch, swaz mir geschiht« (Lied Nr. 2, Vers 32). Doch umsonst: »mich hilfet niht swaz ich der guoten singe, si tuot als si sich niht verstê« (Lied Nr. 2, Vers 17/18). Sie tut deutlich, als verstünde sie nichts, die Dame auf dem Turm. Aber er gibt die Hoffnung nicht auf: »ich dinge, ir minne werde mir ze solde« (Lied Nr. 3, Vers 20). Und in der Tat, sie winkt ihm mit dem Minnelohn in Gestalt eines Goldreifs, der mit den in einem seiner Lieder (Nr. 1) in vielen Wendungen besungenen Rosen umwunden ist.

RUDOLF VON STADECK

Der Dichter entstammt einem steierischen Ministerialengeschlecht, dessen Stammsitz, die Burg Stadeck, südlich von Graz gelegen war. Man vermutet ihn in Rudolf II., der zwischen 1243 und 1261 urkundlich bezeugt ist. Die drei von ihm überlieferten Gedichte lassen Einflüsse von Walther, Ulrich von Liechtenstein und Gottfried von Neifen erkennen.

Das Gedicht (KLD 54 I):

Winter und Ihr, meine Herrin,
was habe ich euch zuleide getan,
daß ihr mich
ohne Freude und ohne Hoffnung auf Liebe laßt?
Nebel, Schnee und Reif, über die könnte ich leicht aufhören zu klagen:
Wenn ich aber Euch, schöne Frau, fernbleiben muß,
das sind die Schmerzen, die ich von Euch erdulde.

Werbe ich nicht mit ehrlicher Absicht
um die Liebliche,
so will ich immer ein Lügner heißen.
Sie ist mir lieb vor allen Frauen!
Wollte Gott, ich wäre ihr vor allen Männern lieb.
Mein Herz ist ihr in liebevoller Hingabe nahe,
und das kann niemand verhindern.

Wer gab Euch eine so schöne Gestalt
und gab Euch doch nicht mehr Güte?
Wahrlich, Ihr seid eine Frau, mit der schwer umzugehen ist,
da Ihr den Menschen so wehtut.
In der Art, wie Ihr mich plagt, könntet Ihr einen unverständigen Menschen dazu bringen,
daß er seine gute Erziehung vergißt
und sich in höchst unfeiner Weise an Euch rächt.

Ohne Güte ist Schönheit nichts wert.
Es dient ihr zum Ruhm, wenn eine Frau beides besitzt.
Den Schmerz empfindet wie eine Freude der,
der durch sein gütiges Geschick ein so gutes Weib erlangte,
daß seine Freude wie sein Leid ihrem Herzen nahe geht.
Weibes Schönheit macht gewiß froh,
doch ihre Güte beglückt noch mehr.

Das Bild zeigt ein Benehmen des Minnesängers, das aus dem üblichen Verhaltensschema ganz herausfällt: Hier begegnet uns nicht der liebend ergebene, langmütig hoffende, hoffnungslos schmachtende oder resigniert dem Tod sich verfallen sehende Anbeter einer gnadenlosen Gebieterin seines Herzens, sondern einer, dem der Geduldsfaden gerissen ist. Ganz und gar unhöfisch zerrt er die spröde Dame an den Haaren und gibt ihr eine schallende Ohrfeige, deren Verklingen er offenbar tief befriedigt und etwas versonnen nachlauscht, während sich in Miene und Haltung der also schnöde Behandelten Überraschung, Verwirrung und entsetzte Abwehr kundtut. Das Bild bezieht sich auf die dritte Strophe des oben wiedergegebenen Liedes.

HEINRICH HETZBOLD VON WEISSENSEE

Der Dichter ist Thüringer aus der Gegend von Erfurt, 1312 bis 1345 urkundlich bezeugt. Hetzbold steht in der Tradition Heinrichs von Morungen, ist jedoch, ein Mann der Spätzeit, weit entfernt vom hohen Minnesang. Hier ist nicht mehr die Dame von hohem Stande, die »frouwe, hêrer danne ich selber sî« (Morungen) Gegenstand dienender Verehrung, sondern das »zuckerkrûtken«, das »trût herzen trûtken« Partnerin verliebter Spielerei in einem Tanzliede.

Das Gedicht (KLD 20 VII):

Glückliche Stunde! Von rotem Munde ist mir Liebes
widerfahren.
Den sah ich zärtlich lachen über das, was ich da sagte.
Ihr keckes Mündchen, das stellt sich an,
als spräche es überaus säuberlich »fünf«.

Ach, wenn einer den küßte, wahrlich, den beseligte
Vergnügen ohne Reue.

Sein anmutiges Lachen: nie wurde eine Rose auch nur halb so rot.
Hals und Hände weißer als Schnee,
ewig geliebter Schatz, weshalb tust du mir weh?

Willst du mich drangsalieren, weil ich dir vor aller Welt meine Lieder darbringe?
Mein Zuckerkräutchen, laß mich deine Hilfe sehen:
Trautes Herzliebchen, glaub mir, ich bin immer dein.

Das Bild ist eine großangelegte Namenschiffre, in der der Name »Hetzbold« mehrfach umschrieben ist: Einmal im ganzen: der hetzebold ist ein Jagdhund. Zwei Exemplare davon fallen den Eber an. Sodann wird der Namensbestandteil »hetze« durch die Jagdszene, die »Sauhatz«, ausgedrückt. Die Silbe »-bolt« ist mhd. »balt«, was »kühn« bedeutet. Daß zu dieser Jagd Kühnheit gehört und daß der Namensträger seinen Namen (»kühn auf der Jagd«) auch wirklich zu recht trägt, ist auf verschiedene Weise augenfällig gemacht: Der gelbe Hund, dem der Eber mit seinen mächtigen Gewehren den Leib aufgeschlitzt hat, zeigt, wie gefährlich das Wild ist. Die Kühnheit der auf dem blauen Hengst reitenden Namensträgerfigur läßt sich daran erkennen, daß einer der beiden Knechte sich aus Angst auf eine Eiche geflüchtet hat, während der andere, der Mutigere, sich nur von hinten an den Eber heranwagt; der Namensträger dagegen greift ihn kühn von vorn an.

KRISTAN VON HAMLE

Der Dichter ist seiner Person nach unbekannt, vermutlich ein Thüringer. Einflüsse von Morungen und Walther sind spürbar, stärker ist die Abhängigkeit von Neifen.

Das Gedicht (KLD 30 II):

Ich wollte, daß der Anger spräche
wie der Papagei im Fenster,
und daß er mir sagte,
wie wohl ihm in diesem Jahr war,
als meine Herrin Blumen von ihm pflückte
und ihre liebreizenden Füße
sein grünes Gras berührten.

Herr Anger, welch große Freude durftet Ihr genießen,
als meine Herrin kam
und ihre weißen Hände nach Euren schönen Blumen ausstreckte!
Erlaubt mir, Herr grüner Plan,
daß ich meine Füße dahin setzen darf,
wo meine Herrin gestanden hat.

Herr Anger, bittet, daß mich vom Kummer befreit
eine Frau, nach der mein Herz verlangt.
So wünsche ich, daß ihre bloßen weißen Füße
noch in diesem Jahre auf Euch gingen.
Dann schadete Euch nimmer der Schnee.
Wird mir von ihr ein freundlicher Gruß zuteil,
so grünt mein Herz wie Euer Klee.

Das Bild könnte durch einen Vers aus dem Wächterlied Kristans (KLD 30, VI Str. 2) angeregt sein:

»Wahtær, wie mag dich so kurzer wîle erlangen,
sît ich hân den lieben man zuo mir gevangen ...«
(»Wächter, wie kann dir ein so kurzer Augenblick,
wie er vergangen ist, seit ich den geliebten Mann
»zuo mir gevangen« habe, schon lang vorkommen?«)

»zuo mir gevangen« versteht der Maler hier nicht nur als »an mich herangezogen«, sondern als »zu mir heraufgezogen«, und das vielleicht aus zwei Gründen: einmal, weil es zum Minnesang, jedenfalls zum hohen Minnesang, wesensmäßig gehört, daß die besungene »frouwe« im Verhältnis zu dem ritterlichen Sänger eine sozial höherstehende Dame ist – sie steht hier auf ihrem Turm ja ganz buchstäblich höher als der Dichter –, und zweitens vielleicht auch im Hinblick auf eine ständische Metapher, in der Kristan selber sein Minneverhältnis als Leibeigenschaft ausgibt (Lied Nr. 3, Str. 5):

»ich will an die reinen guoten
lônes noch genâden muoten
als von rehte ir eigen man«.
»Ich will von der Reinen, Edlen
weder Lohn noch Dank verlangen,
da ich von Rechts wegen ihr Leibeigener bin«.

Schließlich möchte man noch fragen, in welche hohe Ferne die Dame blickt. Auch hierdurch wird man an die gleiche Strophe von Kristans Wächterlied erinnert, die bereits zitiert wurde, und die mit den Worten schließt:

»wahtær, bekennest dû des mânen schîn für tages zît?«
(Wächter, siehst du etwa den Mondschein für Tageslicht an?)

HEINRICH VON MEISSEN GEN. FRAUENLOB

Der Dichter wurde zwischen 1250 und 1260 in Meißen geboren. Er stammte aus einer bürgerlichen Familie. 1278 befand er sich im Heere Rudolfs von Habsburgs und trat kurz vor der Schlacht auf dem Marchfelde zum ersten Mal als Dichter hervor. Seine Wanderungen führten ihn durch Bayern, Kärnten, Tirol; am häufigsten aber war er an norddeutschen Höfen zu finden, in Brandenburg, Mecklenburg, Rügen u. a. Von 1312 an verbrachte er die letzten Jahre seines Lebens in Mainz, wo er am 29. November 1318 verstarb und im Dom, der Sage nach von Frauen zu Grabe getragen, beigesetzt wurde.

Heinrich genoß zu seinen Lebzeiten und darüber hinaus bis ins 16. Jahrhundert weithin große Verehrung. Wie er einerseits als »der letzte« – jedenfalls der letzte große – Minnesinger gilt, so sieht man in ihm andererseits den ersten

Meistersinger; es heißt, er habe in Mainz um 1315 die erste Meistersingerschule gegründet. Sein Ruhm beruht vor allem auf seiner Spruchdichtung. Von den über 400 unter seinem Namen überlieferten Sprüchen sind gewiß 300 echt. In seinen wenigen Minneliedern greift er auf die alten Traditionen der höfischen Minne zurück. Er, selbst bürgerlicher Herkunft, bekennt sich zu ritterlicher Gesinnung und Lebensart als den überlieferten Werten, die alleine den »edelen sûzen vrouwen« den Maßstab für die Wahl des Mannes abgeben sollen, dem sie ihre Huld zuwenden wollen.

Das Gedicht (Bartsch LD 79, 1-35):

Oweh dem Herzeleid,
das ich Verliebter tragen muß.
Oweh, Blick aus hellen Augen,
wann wird meinem Kummer abgeholfen?
Wann wird dein roter Mund mich anlachen
und sprechen: Glücklicher Mann,
alles, was du willst, das soll geschehen.«

Fürwahr, ich liebe den übermütigen Mund,
bei dem mein ganzer Trost liegt.
Sprecht, rote Rosen, alle,
daß das Rot eines Mundes den Sieg davonträgt.
Besser stünde dem Munde ein lilienweißes Ja an
als ein Nein, vor Jammer blau.
Das Wort läßt mich jungen Mann ergrauen.

Minne, wenn du auch vorübergehend Freude geben kannst,
so rechne ich dir das doch nie zu deinen Gunsten an:
Wenn du einem gegen Morgen zulachst,
den trifft gewiß ein heimtückischer Schlag von dir.
Die Rosen deiner Freude bergen scharfe Dornen.
Leid ist der Liebe von Natur aus zugesellt:
Solche Frucht trägt dein Ährenfeld.

Minne, willst du solches Herzeleid
mir für die Zeit meines Lebens aufbürden?
Der Duft des Glücks deiner Lust
kann mir nicht helfen.
Dem Herrn Iwein spielte keine Frau so übel mit,
daß ihm nicht die schöne Lunete geholfen
hätte, bei der er freundlichen Trost fand.

O, hätte ich den Apfel zuzuteilen,
den Paris der Minne gab,
fürwahr, du solltest Leid erfahren,
und müßte ich deswegen auch ins Grab.
Pallas oder Juno müßten mir ihren Gegeneinsatz bieten:
So rächte ich mein Leid an dir,
das du mir hinterlassen hast.

Das Bild ist schwer zu deuten und hat bis jetzt noch keine befriedigende Erklärung gefunden. Im Hintergrund thront über allen anderen Personen ein Mann, dessen prächtiges Kleid, dessen Hermelinkragen und -mütze ihm den Anschein einer fürstlichen Persönlichkeit geben. Ganz vorn breiten zwei Männer, die kleiner erscheinen als die übrigen, einen Teppich aus. Sie können als Nebenfiguren wohl übergangen werden. Aus der Gruppe der übrigen Personen ragt eine deutlich heraus: der Fiedler im Vordergrund. Wer er ist, sagt uns der Thronende, indem er mit der einen Hand auf das Frauenbildnis in dem »sprechenden« Wappen und mit seinem Stab auf den herausgestellten Sänger weist: Dieser ist »Frauenlob«. Wo aber spielt sich diese Szene ab und wer sind die übrigen? Daß die sechs Figuren, die den Sänger umgeben, alle so ziemlich die gleiche Größe haben wie er, zeigt, daß sie ihm gleichgeordnet sind, und auch die Musikinsrumente, die einige von ihnen in Händen haben, deuten darauf hin, daß sie Sänger sind wie er.
Nimmt man all diese Fakten zusammen, so möchte man an einen Fürstenhof denken, an dem die Sangeskunst besonders gepflegt wurde, wo sich Dichter jener Zeit um einen literarisch aufgeschlossenen Fürsten versammelten. Einen solchen

Hof gab es in der Tat: Es war der Hof Markgraf Heinrichs III., des Erlauchten, von Meißen (1221-1288). Dort ist wahrscheinlich auch der Tannhäuser gewesen – jedenfalls hat er den Preis des Margrafen gesungen –, dort hat der junge Frauenlob seinen fürstlichen Gönner gefunden. Ob er allerdings schon damals eine herausragende Rolle gespielt hat, kann man vielleicht bezweifeln. Aber wenn der Maler in der Rückschau gerade diesen markgräflichen Hof als Szenarium für sein Titelbild zu Frauenlobs Liedern gewählt hat, so mag nicht zuletzt auch der Name eine wichtige Rolle gespielt haben: Fürst und Dichter hießen Heinrich von Meißen, und diese Namensgleichheit mag dem Maler Gelegenheit gewesen sein, bei den Betrachtern seines Bildes den Gedanken aufkommen zu lassen, daß auch der Dichter seiner Zeit als Fürst im Reiche der Dichtkunst gegolten hat. So sind wohl auch die Zeigegesten der den Dichter umstehenden Personengruppe zu deuten. Einige zeigen auf ihn, um ihn herauszuheben; der im grün-weiß gestreiften Kleide macht dazu die Gebärde ergriffenen Lauschens und drückt so das allgemeine Urteil über die vollendete Kunst des Sängers aus. Zwei der Figuren aber weisen nach oben, die eine auf das Frauenbildnis im Schild und auf dem Helm, die andere auf den thronenden Fürsten; beide stellen auf diese Weise die Beziehung zwischen dem Sänger und seinem Namenssymbol einerseits und zwischen Sänger und Fürst andererseits her.

Noch ein Wort zu dem gekrönten Frauenbildnis im Wappen: Wenn der Dichter auf seinem (erst 1774 zerstörten) Grabstein im Mainzer Dom von Frauen zu Grabe getragen wurde, so drückte sich darin die Auffassung aus, daß sein Name von seinen Dichtungen, in denen er die Frauen preist, abgeleitet ist. Der Maler des Bildes in der Manesseschen Liederhandschrift sah das anders. Die gekrönte Dame im Wappen und auf dem Helm meint doch offenbar eine bestimmte Frau, die Himmelskönigin, die »frouwe aller frouwen«. Ihm schwebt also doch wohl eher vor, daß der Name »Frauenlob« seine Entstehung dem großen Marienleich verdankt, der mit den Versen beginnt:

»Ey, ich sach in dem trône
eine vrowen diu was swanger.
diu truog ein wunder krône«.

JOHANNES HADLAUB

Der Dichter kommt aus einer bürgerlichen Familie in Zürich, wo er 1302 bezeugt ist. Er dichtet Ende des 13., Anfang des 14. Jahrhunderts. In einem seiner Gedichte (SMS 27, 8) berichtet er von einer großen Sammlung von Minneliedern, die ›der Maness‹ und sein Sohn in Zürich mit großer Mühe und Geduld zusammengebracht haben. Auf Grund dieser Mitteilung, die früher so verstanden wurde, als ob jene Sammlungen in einem einzigen großen Kodex vereinigt gewesen seien, erhielt die Große Heidelberger Liederhandschrift die Bezeichnung ›Manessesche Liederhandschrift‹. Heute nimmt man an, daß die Aufzeichnungen aus dem Besitz der Manesse lediglich die Vorlagen für den Heidelberger Kodex abgegeben haben, der allerdings wahrscheinlich auch in Zürich entstanden ist.
Hadlaub war kein großer Dichter; seine Minnelieder sind keine gesellschaftlichen, sondern schon rein literarische Übungen. Er befaßt sich mit jener Dichtung als Außenstehender, der nicht jenen Kreisen angehört, die einst die den Minnesang tragende Schicht darstellten, ja er steht noch nicht einmal, wie etwa Frauenlob, in Beziehung zu ihnen. Sein eigener literaturhistorisch bemerkenswerter Beitrag zu dieser Dichtung ist das erzählende Lied, das, wie das oben wiedergegebene, die Darstellung biographischer (oder pseudo-biographischer) Tatsachen oder – wie das zitierte Lied Nr. 8 – anderer äußerer Umstände mit dem Minnethema verbindet.

Das Gedicht (SMS 27, 1 Vers 1-36):

Ach, mir war lange
nach ihr so weh gewesen.
Deshalb war ich sehr sorgfältig darauf bedacht,
sie das merken zu lassen.
Ich beobachtete sie
im Gewand eines Pilgers
so heimlich, wie ich nur konnte,
als sie aus der Messe kam.
Ich hatte da einen Brief
mit Sehnsuchtsklagen, an dem ein Haken war.
Den hängte ich ihr an; das geschah vor Tagesanbruch,
damit sie das nicht gewahr werde.

Ich glaube, sie dachte:
»Ist das ein Verrückter?
Warum machte er sich so nahe an mich heran,
um mich anzufassen?«
Sie fürchtete sich sehr,
meine schöne Herrin.
Aber sie schwieg um ihrer Ehre willen.
Sehr rasch entkam sie mir.
Deshalb hatte ich es ihr gegenüber so eilig,
daß sie nur bald nach Hause käme,
damit den Brief niemand an ihr sah.
Sie trug ihn ungesehen fort.

Was sie dort mit ihm machte,
das wurde mir nicht gesagt,
ob sie ihn fortwarf oder behielt.
Das bereitet mir Liebesschmerz.
Las sie ihn mit Aufmerksamkeit,
so fand sie darin Glücksgefühl,
tiefe Betrachtungen über die Minne,
und welchen Kummer mein Herz trägt.
Sie ließ sich seitdem niemals anmerken,
daß ihr mein Schmerz je bekannt geworden wäre.

O weh, reine, liebenswerte Herrin,
du verletzt mich sehr.

Das Bild zeigt zwei verschiedene Szenen aus den Liedern Hadlaubs. Im unteren Teil ist abgebildet, was in dem oben wiedergegebenen Gedicht geschildert wird: Der Dichter in Gestalt eines Pilgers befestigt der Geliebten vor der Kirchentür einen Minnebrief an ihrem Gewand. Ihr erstaunter Blick nach rückwärts und die Redegebärde ihrer linken Hand machen ihre Gedanken sichtbar: »ist daz ein tobic man? . . «
Die Szene im oberen Teil des Bildes spielt sich im Inneren einer Burg ab. Das besagen die Mauerzinnen. Dargestellt ist der wesentliche Inhalt des Liedes: »Ich dien ir sît daz wir beidiu wâren kint« (SMS 27, 2). Darin erzählt Hadlaub, wie er von »hôhen herren«, die sein Minneleid erbarmte, zu seiner Dame geführt wurde, die er schon von Kindheit an verehrte. Sie aber wandte sich kalt von ihm ab. Da schwanden ihm vor Schmerz die Sinne. Die Herren trugen ihn zu ihr und legten ihre Hand in die seine. Als sie sah, was sie angerichtet hatte, bekam sie es doch mit der Angst zu tun; sie ließ ihm die Hand und sprach freundlich auf ihn ein. Jetzt kam eine große Freude über ihn; er wollte ihre Hand gar nicht mehr loslassen. Da beugte sie sich nieder und biß ihn in seine Hand. Soweit die Geschichte, wie sie in dem Bild dargestellt ist: Rechts der halb ohnmächtig auf ein Knie gesunkene Hadlaub, gestützt von zwei der »hôhen herren«, die er alle in seinem Gedicht aufzählt. Der ganz rechts Stehende, der mit seiner linken Hand das Haupt des Dichters stützt, macht mit der Rechten die Schwurgebärde, um mit dieser hier etwas übertriebenen Form des feierlichen Gelöbnisses seine Bereitwilligkeit zum Beistand für den Dichter auszudrücken, wovon dieser in seinem Gedicht mehrmals dankbar und mit Nachdruck spricht. Der grün gekleidete Herr neben ihm redet – die Redegebärde seiner Hand – auf die Dame ein, um sie zur Freundlichkeit gegenüber dem armen Hadlaub zu bewegen.
Im linken Teil des Bildes wird die junge Dame, die mit ihrer Rechten eine abwehrende Bewegung macht und offenbar im

Begriff ist, von ihrer Bank aufzuspringen um zu enteilen, von dem hinter ihr stehenden Herrn auf ihrem Sitz festgehalten. Die blau gekleidete Dame ganz links im Bild macht mit ihrer linken Hand eine Gebärde, die in der bildenden Kunst des Mittelalters öfter als Geste des Trauerns, abgeschwächt auch des Bedauerns u. dgl. vorkommt. Wir haben in ihr – darauf deutet auch die Farbe ihres Kleides hin – wohl eine Wiederholung der Gestalt der Geliebten des Dichters zu sehen, die hier mit ihren Gebärden ihrem Erschrecken und Bedauern über das, was sie angerichtet hat, Ausdruck verleiht; sie ist die bildliche Verkörperung der Verse:

Mich dûcht daz nieman möcht hân erbetten si,
daz sî mich frî nôt hæt getân,
wan daz sî vorcht daz sî schuldic würde an mir:
ich lac vor ir als ein tôt man
und sach sî jæmerlich an ûz der nôt.
des erbarmet ich sî, wan ichz hât von ir . . .

Die Beißszene hat der Maler hier etwas anders dargestellt als der Dichter: Das Beißen wird im Bild von dem Schoßhündchen besorgt, das die Dame, wie viele andere vornehme Frauen in der Manesse, im unteren Bild auf dem Arm trägt.

Nach dem Wunsch des Verlages sollten die Bilder, abgesehen von den in einer solchen Sammlung offenbar immer unverzichtbaren Figuren des Kaisers Heinrich und Johannes Hadlaubs, nach dem literaturgeschichtlichen Rang der Dichter ausgewählt werden. Leider sind die Maler der Manessebilder einem solchen Wunsch nicht in der geeigneten Weise entgegengekommen. Sie haben vielmehr dem dichterischen Werk einer ganzen Reihe von Minnesängern, denen die Literaturhistoriker unserer Zeit eine hervorragende Bedeutung zumessen, Titelbilder vorangestellt, deren Gleichförmigkeit oder Einförmigkeit in einer so starken Konzentration wie in diesem Büchlein allzu langweilig gewirkt und gegenüber der Buntheit des »Königlichen Liederbuches« einen ganz falschen Eindruck hervorgerufen hätten. So wurde zwar versucht, jenen Auswahlgrundsatz bis zu Burkhart von Hohenfels (Nr. 1-15) und am Ende mit Heinrich Frauenlob einigermaßen einzuhalten. Im übrigen aber mußten Dichter, die in der Geschichte des Minnesangs eine sehr viel größere Rolle spielten, wie – um nur wenige herauszugreifen – etwa Meinloh von Söflingen, Rudolf von Fenis oder gar Gottfried von Neifen, um der Bildmotive willen mehr oder weniger unbedeutenden weichen, wie sie unter Nr. 16-22 vorgestellt werden. Einzig der Freiherr Gottfried von Neifen drängt sich, wenngleich nicht mit einem Bilde, auch in unsere Auswahl hinein. Denn dieser Schwabe von der Alb (Hohenneuffen), zwischen 1234 und 1255 bezeugt, den Staufern nahestehend, ist ein so starker Formkünstler, daß er eine große Nachfolgerschaft fand, darunter auch einige Dichter in unserer Auswahl, bei deren Vorstellung auch sein Name zu nennen war.

Diese Vorstellung, die neben den meist äußerst spärlichen biographischen Daten auch eine sehr kurzgefaßte Standortbestimmung in der Geschichte des Minnesangs wenigstens andeutungsweise zu geben versucht, hat bei den bedeutenderen Dichtern den Zweck, ihre Auswahl zu begründen, in mehreren Fällen ist sie aber auch für das Verständnis der Bilddeutungen notwendig.

Die Übersetzung der für die Sammlung ausgewählten Gedichte legt keinen Wert auf sprachliche Eleganz, sie soll keine sprachlich-schöpferische Eigenleistung sein. Der Leser soll seine Eindrücke von der Poesie des Minnesangs allein aus den abgedruckten mittelhochdeutschen Texten gewinnen. So wurde alles vermieden, was den Leser veranlassen könnte, die eigenartige Wirkung dieser Dichtung in der Übersetzung zu suchen. Diese soll vielmehr ausschließlich eine Hilfe zum Verstehen der Gedichtinhalte bieten. Deshalb wurde einer möglichst weitgehenden Zeilengenauigkeit der Vorzug vor einem flüssigen und gefälligen Satzbau unserer Gegenwartssprache gegeben. Wegen der Kürze der Zeit mußte leider darauf verzichtet werden, Forschungsergebnisse, die Sprache und Begriffswelt der einzelnen Minnesänger zum Gegenstand haben, bei der Übersetzung zu berücksichtigen. Zu Rate gezogen wurden bei den Nummern 1-3, 5-8, 11, 15, 21, 24 die Übersetzungen von Max Wehrli in: Deutsche Lyrik des Mittelalters. Auswahl und Übersetzung von Max Wehrli. 2. Aufl. Zürich 1962 und bei den Nummern 2, 3, 5, 6, 9 die Übersetzungen von Rüdiger Krohn in: Mittelhochdeutsche Texte. Mittelhochdeutsch und Neuhochdeutsch. Hrsg. von Rüdiger Krohn und Peter Wapnewski. Ausgewählt und übersetzt von Rüdiger Krohn. Göttingen 1973 (Kleine Vandenhoeck-Reihe 1388). Wertvolle Hinweise zur Übersetzung gab der Leiter der Handschriftenabteilung der Universitätsbibliothek Heidelberg, Dr. Wilfried Werner.

Die Texte wurden folgenden Werken entnommen:

Bartsch LD Bartsch, Karl: Deutsche Liederdichter des 12.-14. Jahrhunderts. Eine Auswahl. 4. Aufl. besorgt v. Wolfgang Golther. Berlin 1906.

KLD Deutsche Liederdichter des 13. Jahrhunderts. Hrsg. v. Carl von Kraus. Bd. 1. Text. Tübingen 1952.

LN Die Lieder Neidharts. Hrsg. v. Edmund Wiessner. Tübingen 1955 (Altdeutsche Textbibliothek. Nr. 44).
S = Sommerlieder; W = Winterlieder

LWa Die Gedichte Walthers von der Vogelweide. Hrsg. v. Karl Lachmann. 12. Aufl. v. H. Kuhn. Berlin 1965.

MF Des Minnesangs Frühling. Nach Karl Lachmann, Moritz Haupt und Friedrich Vogt neu bearb. v. Carl von Kraus. Leipzig 1944.

SMS Die Schweizer Minnesänger. Hrsg. v. Karl Bartsch. Frauenfeld 1886.
(Bibliothek älterer Schriftwerke der deutschen Schweiz. Bd. 6.)

Für die literaturgeschichtlichen Bemerkungen wurde benutzt:

Helmut de Boor Die höfische Literatur. Vorbereitung. Blüte. Ausklang. 1170 bis 1250. 2. Aufl. München 1955.

Helmut de Boor Die deutsche Literatur im späten Mittelalter. Zerfall und Neubeginn. Teil 1: 1250-1350. (= Helmut de Boor und Richard Newald: Geschichte der deutschen Literatur von den Anfängen bis zur Gegenwart. Bd. 2 und Bd. 3, Teil I.)

it 81

Sulchan-Saba Orbeliani

Die Weisheit der Lüge

Aus dem Georgischen von Heinz Fähnrich

Mit einem Nachwort von Elke Erb

Diese Sammlung von Fabeln, Märchen, Abenteuern und Gleichnissen trug der georgische Edelmann Sulchan-Saba Orbeliani aus mündlichen und schriftlichen Quellen des Morgen- und des Abendlandes zusammen. In der kunstvollen Rahmenhandlung streiten sich König Pines, sein Wesir Sedrak, sein Eunuch Ruka, der geheimnisvolle Fremdling Leon, wie man den Prinzen Dshumber erziehen solle, auf daß er dereinst ein weiser und gerechter Herrscher werde. Geschickt verteidigt jeder seinen Standpunkt mit erstaunlichen Geschichten, in denen sich Übermut und Bitterkeit, Naivität und stolze Überlegenheit, Wunderglaube und illusionsloses Wissen um den Lauf der Welt auf unvergleichliche Weise mischen. Durch zweieinhalb Jahrhunderte bewahrte Orbelianis *Weisheit der Lüge* ihren eigentümlichen Zauber – ein Werk von weltliterarischem Rang, das nach dem Willen seines Schöpfers Wissende zu ihrem Nutzen, Unwissende zu ihrer Belustigung lesen sollten.

it 82

Das Buch der Liebe

Liebesgedichte. Liebeslieder

Ausgewählt von Elisabeth Borchers

Mit Texten von H. C. Artmann, Ingeborg Bachmann, Gottfried Benn, Bertolt Brecht, Wilhelm Busch, Paul Celan, Matthias Claudius, Max Dauthendey, Richard Deml, Günter Eich, Eichendorff, Goethe, Günter Grass, Johann Christian Günther, Gerhart Hauptmann, Friedrich Hebbel, Heinrich Heine, Hugo von Hofmannsthal, Peter Huchel, Erich Kästner, Theodor Kramer, Else Lasker-Schüler, Christian Morgenstern, Eduard Mörike, Rainer Maria Rilke, Schiller, Jesse Thoor, Theodor Storm, Georg Trakl, Kurt Tucholsky u. a.

it 83
Hölderlin
Eine Chronik in Text und Bild
Von Adolf Beck und Paul Raabe

Eine Chronik von Leben und Werk eines Dichters kann niemals Biographie, geist- und blutvolle Nachschöpfung seiner Gestalt in seiner Umwelt, sie kann nur Gerüst einer Biographie sein. Der Chronist muß sich dieser Grenze bewußt bleiben. Er kann sie nicht aufheben. Er darf sie aber, so weit es geht, erweitern. Eine Chronik von Hölderlins Leben, das so viel bescheidener, so viel ärmer an großen Ereignissen und Begegnungen, dazu so viel dürftiger überliefert ist als etwa das Goethes und Schillers, kann, und darf, eben darum mehr einzelnes aufheben. Sie kann aufschlußreiche Momentbilder aufnehmen, reizvolle Streiflichter auf einzelne Erlebnisse, Zustände, Stimmungen werfen. Die vorliegende Chronik versucht die Vermittlung der Fakten äußeren Lebens mit Elementen einer ›biographie intérieure‹ zu verbinden.

»Der Tag, an dem man dann zum ersten Mal ein Urteil über Hölderlin hört und dadurch mehr und mehr die Grenzen begreift, die einem gesetzt sind, der Tag macht einen zum Erwachsenen.« *Martin Walser*

it 84
Alphonse Daudet
Tartarin von Tarascon
Aus dem Französischen übersetzt von Paul Stefan,
Stephan Hermlin und Udo Wolf
Mit 45 Zeichnungen von Emil Preetorius

»Der hat viele Register an seiner Orgel«, so äußert sich Gottfried Keller zu Alphonse Daudets großem erzählerischen Talent. Vor allem wußte Daudet das Register des humorvollen Spotts zu handhaben. Er wollte ein Spötter sein, und er ist es besonders in den zum Volksbuch gewordenen drei Teilen des Tartarin-Zyklus geworden (1872, 1885, 1890): »Ich bin auch ein galéjairé (Spötter). Im Nebel von Paris, wo soviel Schmutz und Trauriges über einem zusammenschlägt, habe ich viel-

leicht die Fähigkeit zu lachen und den Gefallen daran verloren; aber wenn man den Tartarin liest, merkt man doch, daß in mir ein Rest der Fröhlichkeit erhalten blieb, die in dem hellen Licht dort unten aufgeblüht ist.«
Die glorreichen Abenteuer des Provenzalen Tartarin in Afrika und in den Alpen, seine Niederlage in der von ihm gegründeten Südseekolonie ›Port-Tarascon‹ und das unrühmliche Ende des Heros von Tarascon stellen einen Rückgriff auf volkstümliche Ritterromane und Schelmengeschichten dar. Ähnlich Don Quijote erlebt Tartarin die Welt so, wie er sie mit den Halluzinationen seiner Phantasie erfüllt.

it 85
Achim von Arnim/Clemens Brentano
Des Knaben Wunderhorn
Alte deutsche Lieder.

Der Plan zu dieser Sammlung von Volkslyrik entstand 1804 im Kreis der Heidelberger Romantiker. Der erste Band erschien 1805 in Heidelberg, Band 2 und 3 1807 in Kassel.
Des Knaben Wunderhorn ist die erste umfassende Sammlung von deutscher lyrischer Volksdichtung der letzten drei Jahrhunderte. Sie steht unter dem Einfluß von Herder, Ossian, Percys Sammlung und Bürger.
Des Knaben Wunderhorn betont national-pädagogisch das altdeutsche Wesen und die alte Kultureinheit und steht so im Zusammenhang mit der nationalen antinapoleonischen Einheitsbewegung der Romantik. Der größte Teil der Sammlung stammt aus alten Drucken, Almanachen und Büchern. Neben echten Volksliedern enthält sie viele alte und neue Gedichte in volkstümlich schlichtem Ton. Goethe, dem die Sammlung gewidmet war, in der Jenaischen Zeitung (1806): »(das Wunderhorn habe seinen Platz) von Rechts wegen in jedem Hause, wo frische Menschen wohnen.«

insel taschenbücher

Alphabetisches Verzeichnis

Goethe:
Die Leiden des jungen Werther it 25

Goethe:
Die Wahlverwandtschaften it 1

Goethe:
Faust (1. Teil) it 50

Goethe:
West-östlicher Divan it 75

Johann Peter Hebel:
Kalendergeschichten it 17

Hermann Hesse:
Kindheit des Zauberers it 67

Hermann Hesse:
Leben und Werk im Bild it 36

Hölderlin-Chronik it 83

Ricarda Huch:
Der Dreißigjährige Krieg it 22/23

J. P. Jacobsen:
Niels Lyhne it 44

Kant-Brevier it 61

Marie Luise Kaschnitz:
Eisbären it 4

Erhart Kästner:
Die Lerchenschule it 57

Erhart Kästner:
Die Stundentrommel vom heiligen Berg Athos it 56

Erhart Kästner:
Ölberge, Weinberge it 55

August Klingemann:
Nachtwachen von Bonaventura it 89

Kropotkin:
Memoiren eines Revolutionärs it 21

Choderlos de Laclos:
Schlimme Liebschaften it 12

Das große Lalula it 91

Das Buch der Liebe it 82

García Lorca:
Die dramatischen Dichtungen it 3

Märchen deutscher Dichter it 13

Wladimir Majakowski:
Werke I it 16
Werke II it 53
Werke III it 79

Minnesinger it 88

Mirabeau:
Der gelüftete Vorhang
it 32

Eduard Mörike:
Die Historie von der
schönen Lau it 72

Guillermo Mordillo:
Das Giraffenbuch
it 37

Guillermo Mordillo:
Das Giraffenbuch 2
it 71

Christian Morgenstern:
Alle Galgenlieder it 6

Johann Karl August Musäus:
Rübezahl it 73

Mutter Gans it 28

Die Nibelungen it 14

Sulchan-Saba Orbeliani:
Die Weisheit der Lüge
it 81

Orbis Pictus it 9

Phaïcon 1 it 69

Polaris 1 it 30

Polaris 2 it 74

François Rabelais:
Gargantua und Pantagruel
(2 Bände) it 77

Rainer Maria Rilke:
Das Buch der Bilder
it 26

Rainer Maria Rilke:
Duineser Elegien
Die Sonette an Orpheus
it 80

Rainer Maria Rilke:
Geschichten vom
lieben Gott it 43

Rainer Maria Rilke:
Neue Gedichte it 49

Rainer Maria Rilke:
Das Stunden-Buch it 2

Rainer Maria Rilke:
Wladimir, der Wolkenmaler
it 68

Rainer Maria Rilke:
Leben und Werk
im Bild it 35

Lou Andreas-
Salomé:
Lebensrückblick it 54

Wilhelm Schlote:
Das Elefantenbuch it 78

Walter Schmögner:
Das Drachenbuch
it 10

Walter Schmögner:
Das unendliche Buch it 40

Sindbad der
Seefahrer it 90

Sophokles:
Antigone it 70

Sophokles:
König Ödipus it 15

Robert Louis Stevenson:
Die Schatzinsel it 65

Jonathan Swift:
Gullivers Reisen it 58

Tolstoj:
Die großen
Erzählungen it 18

Iwan Sergejewitsch
Turgenjew:
Väter und Söhne it 64

Voltaire:
Candide it 11

Richard Wagner:
Ausgewählte Schriften
it 66

Robert Walser:
Fritz Kochers Aufsätze it 63

Das Weihnachtsbuch it 46

Oscar Wilde:
Die Erzählungen und
Märchen it 5

Heinrich Zimmer:
Yoga und Buddhismus
it 45